小学综合实践活动实践育人课程建设研究

张孝芬 ◆ 著

郑州大学出版社

图书在版编目(CIP)数据

小学综合实践活动实践育人课程建设研究 / 张孝芬
著. -- 郑州 : 郑州大学出版社, 2024. 12. -- ISBN
978-7-5773-0783-1

Ⅰ. G622.3

中国国家版本馆 CIP 数据核字第 2024LK5853 号

小学综合实践活动实践育人课程建设研究
XIAOXUE ZONGHE SHIJIAN HUODONG SHIJIAN YUREN KECHENG JIAN-
SHE YANJIU

策划编辑	郜　毅	封面设计	王　微
责任编辑	郜　毅	版式设计	王　微
责任校对	郜　静	责任监制	朱亚君

出版发行	郑州大学出版社	地　　址	郑州市大学路 40 号(450052)
出 版 人	卢纪富	网　　址	http://www.zzup.cn
经　　销	全国新华书店	发行电话	0371-66966070
印　　刷	郑州宁昌印务有限公司		
开　　本	710 mm×1 010 mm　1 / 16		
印　　张	13.75	字　　数	236 千字
版　　次	2024 年 12 月第 1 版	印　　次	2024 年 12 月第 1 次印刷

| 书　　号 | ISBN 978-7-5773-0783-1 | 定　　价 | 58.00 元 |

本书如有印装质量问题,请与本社联系调换。

前 言

在向着第二个百年奋斗目标迈进之际，国家层面新的育人蓝图已经绘制，基础教育课程教学改革进入核心素养导向的时代。2001 年教育部印发的《基础教育课程改革纲要(试行)》要求从小学至高中设置综合实践活动必修课并开设课程。2017 年，教育部颁布了《中小学综合实践活动课程指导纲要》(以下简称《纲要》)，综合实践活动"由地方统筹管理和指导，具体内容以学校开发为主，自小学一年级至高中三年级全面实施"，强调各地要充分认识综合实践活动课程的重要意义，要确保综合实践活动课程全面开设到位，其目的就是要引导学生从个体生活、社会生活、与大自然的接触中获得丰富的实践经验，通过探究、服务、制作、体验等方式形成并逐步提升对自然、社会、自我的整体感知，具有价值体认、责任担当、问题解决、创意物化等方面的认识和能力，培养学生综合素质，彰显其独特的育人价值。《义务教育课程方案和课程标准(2022 版)》优化了课程设置，加强课程综合，注重培养学生在真实情境中综合运用知识解决问题的能力，突出实践育人，优化综合实践活动实施方式与路径。2023 年 5 月，教育部办公厅印发《基础教育课程教学改革深化行动方案》，要求各地各校不断将基础教育课程教学改革引向深入，突出育人方式改革，落实立德树人根本任务。

但是，综合实践活动课程一直存在没有课程标准、没有国家或地方规定的教材、没有教学参考的"三无"问题，综合实践活动专兼职教师没有现成的可参考借鉴的实施模式，需要各地认真落实新一轮课程改革精神，创造性地使用《纲要》，进行开创性的探索。在这个实施过程中，广大课程实施者也面临诸多困境：首先，课程育人效果弱，重知识学科轻技能学科的传统课程观念，导致综合实践活动课程被弱化、边缘化，突出表现在小学综合实践活动课程开设较好，初高中综合实践活动课程几乎没有开设；其次，家校协同育人效果弱，学生、家长认可度低；最后，教师课程胜任力弱，专兼职综合实践活动教师课程开发、设计、实施、指导能力明显不足。带着这些问题，我们需要从理论和实践相结合的角度，深刻认识综合实践活动课程理念性质，提高对综合实践活动育人价值的认识,提高课程设计实施能力,提高学生综合素质。笔者带领工作室团队开展了推进综合实践活动课程开发、设计、实施等方面的探索和研究,推动当地综合实践活动课程发展和团队成员成长。

教育者,不仅要在书本上学习,更要在实践中学习。笔者长期在一线从事综合实践活动教学实践,开展综合实践活动教学研究。2015 年以来,主持完成福建省教育科学规划 2021 年度常规课题"小学生劳动素养养成评价体系的策略研究"、中央电化教育馆课题"信息时代有效开展新纲要下小学综合实践活动设计制作的实践研究"、三明教育学院 2017 年课题"小学综合实践活动研学教育策略研究"、永安市教育局"挖掘本土资源,推进综合实践活动的研究"、福建省"十三五"第二批中小学名师名校长培养工程专项课题"新纲要下综合实践活动设计制作的实践研究"。作为主要成员,完成 2019 年度教育部福建师范大学基础教育课程研究中心开放课题"践行知行合一策略有效提升综合实践活动效益的策略研究"、三明教育科学研究所 2015 年课题"利用网络资源,促进综合实践活动有效实施策略研究"。本书系教育部福建师范基础教育课程研究中心开放课题"实践育人视域小学综合实践活动课程思政开发与实施策略研究"、2023 年三明市德育专项课题"小学综合实践活动实践育人的策略研究"等课题的研究成果,也是永安市"基于科学素养培养的创思教育实践研究"(基础教育国家级优秀教学成果重点推广应用项目)、三明市小学综合实践活动谢传银名师工作室、永安市小学第二批课改名师张孝芬工作室、永安市"青蓝工程"张孝芬名师工作室研究成果。

本书撰写过程中得到永安市综合实践活动张孝芬名师工作室邱云、余芳芳、王萍、范祖妹、吴燕玲等成员作业案例设计的支持,特别感谢郑州大学出版社及该社社科分社部毅副编审、福建教育学院易骏教授、永安市教育局邓小华副局长、巴溪湾小学张济德校长等的关心和支持,谨在此一并表示衷心的感谢。

限于本人水平及能力,书中难免有错漏或不足之处,敬请广大读者批评指正。

张孝芬

2024 年 11 月

目 录

第一章 小学综合实践活动实践育人的基本理论

第一节 实践育人的内容含义

当今世界正处在大发展、大变革、大调整的时期,世界多极化、经济全球化深入发展,科技进步日新月异,人才竞争日趋激烈。各国教育面临的重要任务之一便是课程改革,通过课程改革培养学生健全的人格和适应社会发展的能力。随着课程改革的逐步深入,越来越多的教师、学者、专家围绕"为谁培养人、培养什么样的人、怎样培养人"进行课程教学改革的研究,关注课程实践育人的研究。《义务教育课程方案和课程标准(2022 年版)》中明确规定了课程教学改革"变革育人方式,突出实践"的基本原则。实践育人的核心价值是立德树人,发展学生核心素养,促进学生健康成长,培养德、智、体、美、劳全面发展的社会主义建设者和接班人。

华东师范大学课程与教学研究所所长、教授,义务教育课程方案修订组组长崔允漷在《学科实践,让"自主、合作、探究"迭代升级》一文中指出,要落实立德树人根本任务,真正实现学科育人与实践育人,变革学习方式仍然面临着新的挑战。所谓学科实践,指的是具有学科意蕴的典型实践,即学科专业共同体怀着共享的愿景与价值观,运用该学科的概念、思想与工具,整合心理过程与操控技能,解决真实情境中的问题的一套典型做法。究其本质,学科成于专业的实践,学科在实践中得以发展,且致力于人类实践的改善;学科实践是理论与实践相统一、知行结合的学习方式;就其特征而言,学科实践强调"像学科专家一样思考和实践",是真理性与价值性的统一、普遍性与特殊性的统一、个体性与社会性的统一。学科实践超越了传统知识讲授的学习方式,代表学习方式变革的新方向。

一、实践育人的核心要义

实践育人由"实践"和"育人"组成,二者要结合好、融通好。任何实践都是人的社会实践,学校是社会的一部分,教育是师生共同参与的一种社会实践活动。实践育人是一种教育理念,强调通过实际经验和实践活动来培养学生的综合能力和素质。这种教育方式不仅包括课堂上的实践活动,还包括校外实习、社会实践等形式。

实践是人类自觉自我的一切行为。内在意识本体与生命本体的矛盾是推动人类自我解放的根本矛盾,其外在化为人类个体及组织、阶级通过生产关系联系的整体对于自然及个体间或者集体关系、阶级关系形成的解放活动。实践只有在自觉的意识下才是人性的、人格的;自觉是人类自我解放的一般规律,它是自我意识的必然。《荀子·劝学》载:"故不登高山,不知天之高也;不临深溪,不知地之厚也。"《宋史·理宗纪》载:"至我朝周敦颐、张载、程颢、程颐,真见实践,深探圣域,千载绝学,始有指归。"明徐渭《季先生祠堂碑》载:"(先生)著书数百万言,大都精考索,务实践。"毛泽东在《实践论》中指出:"马克思主义者认为人类的生产活动是最基本的实践活动,是决定其他一切活动的东西。"

何为"育人"? 育即教育、培养。对受教育者进行德育、智育、体育、美育等多方面地教育、培养即为育人。育人的目的是使教育对象能全方面的发展,使其成长为社会需要的身心健康的人才。

实践育人是一种育人理念。它是一种引导学生参与各种综合性、实践性、体验性、创新性实践活动,促进学生形成高尚的道德、健全的人格、健康的体格,具有责任担当、勇于创新的精神和主动探索实践的能力,实现学生德智体美劳全面发展的教育活动。在实践育人的过程中,学生通过亲身参与、实际操作,从中获得知识、技能和经验。实践教育可以帮助学生更好地理解和应用所学知识,同时也可以培养学生的创新能力、沟通能力和团队合作精神。通过实践活动,学生们将学会分析问题、解决问题,形成自主学习和自主发展的意识和能力。实践育人也强调培养学生的社会责任感和公民意识,让他们通过实际行动来感受社会,关心社会,并为社会做出贡献。这种教育方式更加注重学生整体素质的培养,为其未来的发展和成长奠定坚实的基础。

实践育人是一种教育方式。它是一种注重实际操作和体验的教育方式,旨在培养学生的综合能力、社会责任感和发展潜力,对于学生的成长和发展有着重要的意义。实践教育课程既继承了传统,又超越了传统学科课程价值,承载着基础教育课程改革的全新理念。它是促进学生主动全面可持续发展的科学的教育理念和有效的教学形式,也是实现学生核心素养形成的重要载体。

二、实践育人的原则

课程改革是落实立德树人的伟大工程。2001 年 6 月,教育部关于印发《基础教育课程改革纲要(试行)》的通知(教基〔2001〕17 号)非常明确地将学习方式变革作为课程改革的具体目标之一,改变课程实施过于强调接受学习、死记硬背、机械训练的现状,倡导学生主动参与、乐于探究、勤于动手,培养学生搜集和处理信息的能力、获取新知识的能力、分析和解决问题的能力,以及交流与合作的能力。之后的课程改革意见、学科课程标准修订都强调学习方式变革的重要性,坚持以育人方式改革为重点。党的十九大和 2018 年全国教育大会要求,全面贯彻党的教育方针,落实立德树人根本任务,发展素质教育,推进教育公平,培养德智体美劳全面发展的社会主义建设者和接班人。党中央做出关于义务教育深化教育教学改革和"双减"工作决策部署,要求强化课堂及学校教育主阵地作用,必须对教与学的内容、方式进行改革。足见学习方式变革对于立德树人独特的重要价值。

三、小学综合实践活动实践育人理念

综合实践活动课程是国家设置的必修课程,是培养学生综合素养的重要途径,担负着实践育人、课程育人的重要使命,各学校应该确保课程常态、有效实施。2017 年 9 月,教育部印发了《中小学综合实践活动指导纲要》,进一步规范课程性质、理念、目标、实施与管理的要求。通过长期的小学一线教学研究发现,综合实践活动课程的理念与教育部发布《义务教育课程方案和课程标准(2022 年版)》"变革育人方式,突出实践"的实践育人原则、理念高度契合。因此,在综合实践活动中注重实践育人,可以推动小学综合实践活动课程有效实施。

实践育人理念强调实践是教育的核心。小学综合实践活动正是这一理念的体现。通过实践活动，学生可以更好地理解和掌握知识，同时也能培养他们的动手能力、创新思维和团队协作精神。

小学生正处于成长的初期，他们的思维方式、认知水平和行为习惯都在不断形成和发展。小学教育应该注重培养学生的实践能力，让他们在实践中学习、成长，而小学综合实践活动正是实现这一目标的有效途径。

小学综合实践育人活动还可以促进学生的全面发展。通过实践活动，学生可以锻炼身体，提高身体素质，同时也可以培养他们的情感、态度和价值观。体育实践活动有助于学生锻炼身体，增强体质，培养他们的团队合作精神和竞争意识；艺术实践活动可以让学生体验美，培养他们的审美能力和艺术素养，同时也可以提高他们的创造力和想象力。

第二节 实践育人的理论依据

一、课程依据

（一）贯彻落实课程方案

2022 年 4 月 8 日，教育部印发《义务教育课程方案和课程标准（2022 年版）》，意味着义务教育与普通高中课程改革一体化推进，基础教育课程改革将迈入高质量发展的新阶段，进入改革新境界。《义务教育课程方案和课程标准（2022 年版）》中明确规定了课程教学改革的基本原则，"变革育人方式，突出实践"是其中的一条，其实质是实践育人原则，并明确指出要"加强课程内容与学生经验、社会生活的联系""加强课程与生产劳动、社会实践的结合，充分发挥实践的独特育人功能"。由此不难看出，实践育人，已经上升为义务教育课程实施的国家意志。小学作为义务教务基础阶段，学校、教师必须高度关注，深刻理解，准确把握，常态实施，让实践育人原则转化为真实、丰富、生动的实践，进而让立德树人根本任务真正落实在小学教育教学全过程。

（二）贯彻落实核心素养

2016 年 9 月，《中国学生发展核心素养》研究成果发布，核心素养以培养"全面发展的人"为核心，分为文化基础、自主发展、社会参与三个方面，综合表现为人文底蕴、科学精神、学会学习、健康生活、责任担当、实践创新六大素养。明确核心素养，一方面可通过引领和促进教师的专业发展，改变当前存在的"学科本位"和"知识本位"现象；另一方面可帮助学生明确未来的发展方向，激励学生朝着这一目标不断努力。

（三）贯彻落实"课标"精神

实践育人的核心理念是通过实际体验和参与活动，培养学生的实践能力、创新能力和社会责任感，使其能够适应未来的社会和工作环境。2022 年修订的小学各学科课程标准，实践育人精神得到了充分的体现。以下是 2017 年《中小学综合实践活动课程指导纲要》，小学语文、数学、英语、科学等课程标准中实践育人精神的共同体现。

1. 课程层面

（1）学科整合。新课程标准倡导跨学科整合，鼓励学科间的融合和交叉，通过项目学习和跨学科主题实践活动以培养学生的实际问题解决能力。

（2）学用结合。各学科强调将学科知识与生活实际联系起来，通过实践活动让学生了解学科知识在日常生活中的应用，培养学生的实际应用能力。

2. 学生层面

（1）能力素养提升。新课程标准强调培养学生的综合素养，不仅关注学科知识的学习，还注重学生的实践能力、创新能力、沟通能力、问题解决能力、团队合作能力等。

（2）变革学习方式。新课程标准倡导自主、合作、探究的学习方式，鼓励个性化学习，注重学生的兴趣与特长的培养，通过实践活动让学生充分发挥自己的潜能。

（3）赋予责任担当。新课程标准鼓励学校与社会进行合作，提倡学生参与社会实践活动，培养学生的社会责任感和公民意识。

3. 教师层面

坚持育人为本，新课程标准重视教师的专业培训和发展，把落实立德树人作为各学科教学的主要任务，准确理解核心素养内涵，全面把握实践育人价值，鼓励教师通过继续教育和专业学习提升实践育人的能力。

综合来看，在新课程标准中，实践育人的精神得到了明确的体现，并成为教育教学的重要理念，指导着课程设计、教学实施和学校管理。

二、理论依据

小学综合实践活动实践育人的理论依据可以从多个维度进行剖析。教育理论的广泛支撑使得这种教学形式不仅在理念上受到尊崇，而且在实际操作中展现出显著成效。

1. 基于陶行知的"生活即教育、社会即学校、教学做合一"教育思想

我国著名教育家陶行知先生提倡的"生活即教育、社会即学校、教学做合一"教育思想，其内涵是生活教育不能与社会大环境脱离，教育是随着社会进步的发展而发展的，教育应该让学生与社会环境接触、与社会生活接触，了解社会发展、参与社会生活。这样，学生才能将学习与生活紧密结合，学有所用，学有所成，并自觉地学习服务社会的思想和技能，为国家、社会贡献自己的力量。

生活教育的基本主张有哪些？陶行知的说法是"生活教育是生活所原有，生活所自营，生活所必需的教育"，其中包含"生活即教育、社会即学校、教学做合一"三个基本主张。

"生活即教育"是陶行知生活教育的理论核心。在陶行知看来，教育的根本意义是生活之变化，生活无时不变，即生活无时不含有教育的意义，过什么生活便是受什么教育；过好的生活，便是受好的教育；过坏的生活，便是受坏的教育；过有目的的生活，便是受有目的的教育；过糊里糊涂的生活，便是受糊里糊涂的教育。

"社会即学校"是陶行知生活教育的一项重要内容。陶行知之所以要提出这一主张，是因为在他看来，"自有人类以来，社会即学校，生活即教育"。

"教学做合一"强调教学做是一件事，不是三件事。我们要在做上教，在做上学。在做上教的是先生，在做上学的是学生。从先生对学生的关系说，做便是教；从学生对先生的关系说，做便是学。

大多数人在教育孩子的时候，都依赖于一些理论性的语言。有的家长

会在网络上找一些所谓的教育方法去教育自己的孩子,也不管这个方法到底是不是适合自己的孩子,而我们真正的教育应该来源于生活。这就是陶行知"教育即生活,生活即教育"的体现。因为在人生成长的过程中,生活是非常重要的一个构成部分,教育也是依赖于生活的。生活是我们一切的来源。我们可以想一下,在日常的学习当中,我们能够脱离出生活吗?答案当然是不能的,因为教育就是我们生活的一部分。我们从小到大每个人都接受来自家庭,来自学校,甚至是来自社会的教育,这些教育与我们的生活紧密相连,学校教育也要重视学习与生活、学习与社会、学习与环境的结合,倡导学生在生活中亲自实践、亲自体验,在课程中育人,在实践中育人。

2. 基于德育先驱约翰·杜威的"做中学"理论

约翰·杜威(John Dewey)1919 年 4 月 30 日抵达上海,几天后,中国爆发了五四运动。杜威主张废弃传统教室,让教室变成一个一个的工作坊、商店、纺织厂、餐厅、厨房……比如,公园里种的菜,到厨房里加工,加工好了,高年级学生照顾低年级学生一起吃饭。遇到问题,学生自己到图书馆查资料,老师不会直接把答案告诉给学生。

杜威说:"选择了一种教育,就选择了一种生活方式……教育是发生在教师和学生之间的真实生活世界中的社会活动,生活世界是教育发生的场所,学生的体验和经验构成了学校教育的重要内容;生活世界也是教育意义得以构建的场所,教育只有向生活世界回归才能体现教育意义的真谛。"杜威认为教育本质上是一种生活体验的再现,他强调学生应通过实践活动来学习和发展,而非单纯接受被动灌输。教育者应该为儿童提供一个能够"从做中学"的环境,并指导儿童去选择要做的事情和要从事的活动。因此,他强调指出,实现"从做中学","与其说是通过专门设计来使课程更有活力和更具体,或者通过取消教科书以及师生间过去那种储水池和抽水机般的关系来达到的,不如说是通过给儿童一个充满了要做的有趣的事的环境来达到的"。因为为任何一群儿童选择作业,从儿童所处的环境中、从当时能够唤起他们的好奇心和兴趣的一些事物里选择作业,也是智慧的一部分。实践育人理念正体现了这种思想,它将学生从课堂束缚中解放出来,让他们在真实的社会环境中学习和运用知识。

3. 基于皮亚杰的认知发展理论

从心理学角度,皮亚杰(Piaget)的认知发展理论亦为综合实践活动提供了理论支持。这一理论强调儿童认知结构的建立与发展必须依赖儿童与环境的互动。通过参与丰富多样的实践活动，儿童能在操作和思维上获得必要的刺激，从而促进其认知结构的发展。

建构主义发轫于皮亚杰的发生认识论，建构主义主张：知识不是通过教师传授得到的，而是学习者在一定的情境下，通过人际协作活动实现的意义建构。它把"情境""协作""会话"和"意义建构"作为学习的四大因素。

4.基于生态系统理论

生态系统理论为小学综合实践活动的意义提供了视角。该理论指出，个体的发展受到环境各层面相互作用的影响。因此，学校和社区的有效结合能够为学生提供一个支持性强、广泛互动的学习氛围，进而影响到其个人成长和实践能力的塑造。集体主义教育观对育人产生影响，综合实践活动允许学生在团队环境中共同完成任务，其中，团队精神和合作能力的培养与集体主义价值观的教育理论密切相关。学生在协作过程中，不仅学习到内容知识，同时获得了如何有效沟通、协商和解决冲突的宝贵经验，这是书本学习所无法提供的。

总的来说，综合实践活动作为小学阶段一个重要的教育模式，不仅有助于学生知识的广泛获取和深度掌握，而且在培养学生的情感、价值观以及社会技能方面也有着举足轻重的作用。

第三节 实践育人的重要价值

实践育人为"培养什么样的人、怎样培养人、为谁培养人"提供了中国教育改革的新视角。实践育人理念不是不要理论教育、片面强调实践教育，也不是忽视学校教育、片面强调社会教育，而是要兼顾理论教育和实践教育，兼顾校内实践教育和校外实践教育。因此，实践育人具有重要的时代价值。

一、实践育人理念遵循马克思主义教育原理

马克思主义教育原理是指导我国教育事业发展的重要理论基础。实践育人应遵循马克思主义教育原理，将理论与实践相结合，注重培养学生的实践能力、社会责任感、共产主义远大理想，为培养社会主义建设者和接班人做出积极贡献。

1.注重培养学生的实践能力

马克思主义教育原理强调实践是检验真理的唯一标准,因此,实践育人应注重学生的实践能力培养。教育主管部门、学校、教师应加强实践教育课程的设计与实施,特别是综合实践活动课程整体构建和实施,鼓励学生走出课堂,参与实践活动,提高学生的动手能力和创新能力。

2.注重培养学生的社会责任感

马克思主义教育原理强调人的全面发展,其中社会责任感是人的全面发展的重要组成部分。培育和践行社会主义核心价值观是提升实践育人质量和效果的前提条件,学校和教师要坚持立德树人、坚持以人为本,把社会主义核心价值观融入实践育人的全过程,引导学生关注社会问题,参与公益活动,提高学生的社会责任感和使命感,从而树立正确的世界观、人生观、价值观。

3.注重培养学生的共产主义理想

马克思主义教育原理强调人的解放和自由全面发展,共产主义远大理想是人的解放和自由全面发展的最终目标。实践育人应引导学生树立共产主义远大理想,激发学生的奋斗精神,为实现共产主义远大理想而努力奋斗。

二、实践育人理念代表一种新的教育观

教书育人是一种传统教育观,它强调书本理论知识的重要性,强调教师教的优先地位和主导性,强调教师与学生主客二分的传统观念,却忽视了实践的重要性,忽视了学生作为学习者的主体性。实践育人代表一种新的教育观,主张教育不仅是知识的传授,更是能力的培养和人格的塑造。实践育人理念的核心思想在于,教育应该是一种互动的过程,学生应该在实践中获得知识和技能,而不是被动地接受知识。这一理念的提出,不仅是对传统教育观念的挑战,更是对教育实践的一种新的尝试。

1.强调实践的重要性

实践是检验真理的唯一标准,也是培养人才的重要途径。在实践中,学生不仅可以掌握各种知识和技能,还可以锻炼自己的动手能力、团队协作能

力、创新思维能力等,这些能力的培养对于学生的全面发展具有重要意义。实践育人理念的实践,不仅有助于提高学生的综合素质,还有助于培养学生的社会责任感、公民意识等品质。

2. 强调教育的互动性

传统的教学模式往往是教师讲授,学生听讲,缺乏互动性。而实践育人理念则强调教育应该是师生互动、生生互动的过程。在这种互动的过程中,教师不再是知识的传授者,而是学生学习的引导者和合作者。学生则不再是被动接受知识的对象,而是主动参与学习的主体。这种互动性,有助于激发学生的学习兴趣,提高学生的学习效果。

3. 强调人格的塑造

实践育人理念认为,教育不仅仅是知识的传授,更是对于学生人格的塑造。在实践中,学生不仅可以掌握各种知识和技能,还可以塑造自己的品格和行为,这是教育的重要目的之一。

三、实践育人理念代表一种新的思维方式

实践育人理念代表一种新的思维方式,它强调学生在学习过程中不仅要掌握理论知识,更要注重实践操作和实际应用。实践育人理念的代表性体现在教育实践中,尤其是在课程设置、教学方法和评价体系等方面。

1. 课程设置上倡导理论知识和实践操作相结合

传统的课程设置往往过于注重理论知识的传授,忽视了实践操作的重要性,而实践育人理念则强调学生在学习过程中应该有更多的机会进行实践操作,通过实际操作来加深对理论知识的理解和掌握,要求教师要根据学生的实际情况,合理设置实践操作环节,使学生在实践中学习,在学习中实践。

2. 教学方法上主张多种教学方法相结合

传统的教学方法往往过于单一,容易让学生产生厌倦和抵触情绪,实践育人理念则强调教师要根据学生的兴趣和特点,采用多种教学方法,提高学生的学习兴趣和积极性。同时,实践育人理念还要求教师注重学生的自主学习,鼓励学生主动参与教学过程,提高学生的自主学习能力和创新思维。

3. 评价体系上主张多种评价方式相结合

传统的评价体系往往过于注重学习成绩,忽视了学生的实践能力和综

合素质,实践育人理念则强调教师要根据学生的实际情况,采用多种评价方式,客观、全面、动态地评价学生的学习成果。同时,实践育人理念还要求教师注重过程评价,鼓励学生在学习过程中不断反思和总结,提高学生的学习能力和自我评价能力。

四、实践育人理念促进四方协同育人

实践育人是一种注重学生实践能力和综合素质培养的教育理念,在当前社会发展和教育改革中,越来越受到重视。实践育人理念的核心是让学生在实践中学习,培养学生的实践能力、创新能力和综合素质。实践育人理念的实施促进学校、教师、家长和社会四方协同育人。

(一)学校是实践育人理念的实施主体

作为实践育人理念实施主体的学校,要加强实践育人课程体系的构建,加强综合实践活动类实践教育课程的设计和实施,加强实践教育课程教师队伍建设,建立家、校、社实践育人协同机制,积极为学生提供实践的机会,让学生在实践中学习,提高实践育人教学质量。

(二)教师是实践育人理念的实施者

教师是实践育人理念的实施者,应具备高度的责任感和使命感,以学生的全面发展为中心,注重培养学生的实践能力和创新精神。

1.教师是实践育人理念的传播者

教师不仅要教授学科知识,还要注重培养学生的实践能力和创新精神,让他们在实际操作中掌握知识,提高综合素质,更要引导学生树立正确的价值观和人生观。

2.教师是实践育人理念的践行者

在教育教学过程中,要关注学生的学业成绩、兴趣爱好、个性成长等方面,还要鼓励学生参加各种社会实践活动,让他们在实践中锻炼自己,提高自己的综合素质。

3.教师是实践育人理念的维护者

教师应不断提高自己的教育素养和教学水平,关注教育教学的最新动态,掌握教育教学的新理念、新方法。同时,教师还应注重与家长、社会的沟通与合作,共同推动教育教学的发展。

(三)家长是实践育人理念的支持者

教育孩子的过程不仅是知识的传授,更是价值观的塑造。家长作为实践育人理念的支持者,要与学校、教师同心同向,以实践育人理念为指导,积极参与孩子教育。通过言传身教,为孩子树立良好的榜样,鼓励孩子参加志愿者活动、社会实践等各种社会实践活动,让孩子在实践中学会独立思考,学会解决问题,引导孩子树立正确的价值观,培养他们成为有担当、有爱心、有责任感的公民。

(四)社会是实践育人理念的参与者

社会是实践育人理念的参与者。教育不仅要在学校里进行,更要在社会中进行,学生需要从社会实践中学习,了解社会的真实面貌,培养良好的社会素养。教育实践是学生将所学知识应用于实际生活的重要途径。通过社会实践活动,学生可以更好地理解所学知识的意义,提高运用知识的能力,学会与他人合作,共同解决问题,提高团队协作能力。

第四节　实践育人的研究成果

一、国外研究成果

开展课程改革以来,实践育人引起国内外众多教师、学者、专家的高度关注,特别是高校学者的研究。

国外关于实践育人的研究成果非常丰富,许多国际知名的研究机构、大学和教育专家在这一领域进行了大量研究。他们的研究成果广泛涉及教育理论、实践教学方法、学科教育、课程改革,以及对学生实践活动的影响等方面。

一些国际上知名的研究机构和大学经常发布关于实践育人的研究报告和论文,比如教育政策研究所、教育政策中心、哈佛大学教育研究所等。这些研究成果包括对不同国家或地区实践育人政策的比较研究、教育改革的案例分析、实践教学方法的创新和实施情况等。

除了机构，一些学者也做出了重要的贡献。例如，杜威对于实践教育理论的提出和倡导，对实践育人产生了深远的影响。另外，阿尔伯特·班迪拉（Albert Bandura）在社会学习理论方面的研究，也对实践育人产生了重要的影响。

二、国内研究成果

实践育人是国内教育领域的一项重要理念，也是思想政治教育的重要理念之一，旨在通过实际操作和实践活动培养学生的综合素养，是广大青少年学生成长为人才的重要环节和保障。在这一理念的指导下，国内的研究机构不断努力，取得了一系列令人瞩目的研究成果。通过实践育人，学生们能够更好地将理论知识与实际经验相结合，培养解决实际问题的能力。国内的高校和研究机构在实践育人方面进行了大量的研究，涉及各个学科领域。这种研究取得的成果不仅在学术界产生深远影响，也为社会提供了丰富的实践经验。实践育人的研究成果在推动教育改革和提高教育质量方面起到了积极的作用，为培养更具实际能力的人才提供了有力支持。国内的一些大学、中小学已经在课程设置和教学方法上进行了创新，更加注重实践性的教学环节，以培养学生的动手能力和实际应用能力。这种努力在促使学生更好地适应社会需求的同时，也为实践育人的理念在国内教育体系中的深入推广提供了宝贵的经验。总体而言，国内的实践育人研究成果为培养全面发展的人才打下了坚实的基础，为国内基础教育、高等教育的进一步提升贡献了重要力量。

国内对于实践育人的研究已经形成了丰富的文献和成果，对于不同层次的实践育人都有研究，并取得了一定的成果。从知网数据库中检索，2012 年 6 月至 2023 年 12 月，共有 2368 篇实践育人成果论文发表，其中实践育人模式论文 217 篇，实践育人体系论文 137 篇，实践育人机制论文 61 篇。主要集中在高校范围的实践育人研究，研究者大多是高校教授或硕士生，涉及初中、高中实践育人研究少，研究小学实践育人成果更是少之又少，导致实施中小学实践育人的实效性，变革育人方式、原则受到了不同程度的影响。

在教育理论层面，国内研究者围绕着实践育人的教育原理、方法论进行了深入研究，包括各种教学方法在实践中的应用情况、教师扮演的角色以及学生学习模式等方面的研究。如华中师范大学教育学院二级教授、博士生导师郭元祥，江苏省教科院研究员、江苏省教育科学研究所所长成尚荣等所做的研究。

在学科教育与课程改革的层面，国内一些研究团队也关注实践育人对学科教学与课程改革的影响，例如数学、科学、语文等学科的实践性教学研究。

在实践育人的具体实践活动方面，国内有很多对于学生社会实践、科技创新实践、志愿服务实践等方面的研究成果，这些研究成果涵盖了综合实践活动的内容、方法与成效。

第二章 综合实践活动课程性质、理念 与教育价值

中小学、家长、学生重"育分"轻"育人",这是长期困扰我国中小学教育的主要问题。党的二十大报告提出,"落实立德树人根本任务,培养德智体美劳全面发展的社会主义建设者和接班人。"

小学阶段的综合实践活动被明确提出,并赋予其在教育体系中的重要地位。如何充分发挥实践育人的作用？如何真正落实素质教育？教育部出台的《中小学综合实践活动课程指导纲要》明确指出,综合实践活动是21世纪课程改革方案中新设置的一门从小学一年级至高中三年级的必修课程,是课程改革的亮点。纲要进一步明确规定综合实践活动课程为"从学生的真实生活和发展需要出发,从生活情境中发现问题,转化为活动主题,通过探究、服务、制作、体验等方式,培养学生综合素质的跨学科实践性课程";综合实践活动亦是义务教育和普通高中课程方案规定的必修课程,与学科课程并列设置,它是跨学科实践课程,它是动态开放性课程,强调从学生的真实生活和发展需要出发,选择并确定活动主题,鼓励学生根据实际需要,对活动过程进行调整和改进,实现活动目的。

第一节 综合实践活动实践育人的现实需要

一、出台《中小学综合实践活动课程指导纲要》的重要意义

2017年9月,教育部印发的《中小学综合实践活动课程指导纲要》明确了综合实践活动课程的目标、理念、实施方式等,为广大中小学学校、综合实践活动教师指明了方向,意义重大。

1. 全面落实党的教育方针的迫切需要

党的教育方针明确要求,坚持教育与生产劳动、社会实践相结合。党的二十大提出,"加快建设高质量教育体系,发展素质教育,促进教育公平"。我国中小学生文化基础知识比较扎实,而创新实践能力相对薄弱,必须切实加强对中小学综合实践活动课程的指导,补上实践育人短板。

2. 全面深化考试评价改革的迫切需要

加强和改进学生综合素质评价是中考、高考改革的重要内容。学生综合素质评价离不开综合实践活动课程这一重要载体,必须搭建好综合实践活动平台,提升并展示学生的综合素质。

3. 全面提高课程实施水平的迫切需要

新一轮基础教育课程改革以来,综合实践活动课程在培养学生综合素质方面发挥了重要作用,但也面临着不少问题,主要是对该课程性质、形态等缺乏准确的理解和把握,实施过程中盲目性和随意性较大,迫切需要加强规范和指导。

二、综合实践活动实践育人的现实需要

随着我国社会的不断发展和进步,人们对教育的要求也越来越高。传统的知识传授方式已经无法满足现代社会对人才的需求,实践育人作为一种新型的教育方式,具有迫切的现实需要,已经逐渐被广大教育工作者所接受和认可,可以帮助学生提高实践能力,提高学生的综合素质,促进学生的全面发展,提高教育质量。

1. 有利于培养学生的实践能力和创新能力

在现代社会中,实践能力和创新能力已经成为人们必备的能力之一。实践育人以实践为基础,通过实践活动来培养学生的实践能力和创新能力。实践育人可以帮助学生将理论知识与实际操作相结合,提高学生的动手能力和解决问题的能力。例如,在科学实验中,学生可以通过实际操作来验证理论知识,从而加深对知识的理解和掌握。实践育人还可以通过设计实际项目,让学生在实践中学习,提高学生的创新能力。

2. 有利于提高学生的综合素质

实践育人不仅可以帮助学生提高实践能力,还可以帮助学生提高其他

方面的能力,如沟通能力、团队协作能力、自我管理能力等。这些能力的提高,可以让学生更好地适应社会,提高学生的综合素质。例如,在团队合作项目中,学生需要学会如何与他人沟通、如何协作、如何管理时间等,这些能力的提高将使学生在未来的职业生涯中更具优势。

3. 有利于促进学生的全面发展

实践育人是一种以学生为中心的教育方式,它注重学生的全面发展。实践育人可以让学生在实践中得到锻炼,培养学生的兴趣爱好,提高学生的审美能力,促进学生的全面发展。例如,在艺术实践中,学生可以培养自己的艺术鉴赏能力和创作能力,从而提高自己的审美素养。

4. 有利于提高教育质量

实践育人是一种新型的教育方式,它注重学生的实践能力和创新能力,注重学生的综合素质,注重学生的全面发展。实践育人可以提高教育质量,培养出更多具有实践能力和创新能力的人才。例如,在实践中,学生可以更好地理解和掌握知识,从而提高学习效果。实践育人还可以培养学生自主学习和解决问题的能力,从而提高教育质量。

第二节　综合实践活动课程的课程性质、理念与目标

一、综合实践活动课程性质

综合实践活动是21世纪课程改革方案中新设置的一门从小学一年级至高中三年级必修课程,是课程改革的亮点。

《中小学综合实践活动课程指导纲要》进一步明确规定综合实践活动课程为"从学生的真实生活和发展需要出发,从生活情境中发现问题,转化为活动主题,通过探究、服务、制作、体验等方式,培养学生综合素质的跨学科实践性课程"。

二、综合实践活动课程理念

《中小学综合实践活动课程指导纲要》从以下四个方面提出了综合实践活动课程的理念。

1.课程目标以培养学生综合素质为导向

本课程强调学生综合运用各学科知识,认识、分析和解决现实问题,提升综合素质,着力发展核心素养,特别是社会责任感、创新精神和实践能力,以适应快速变化的社会生活、职业规划和个人自主发展的需要,迎接信息时代和知识社会的挑战。

2.课程开发面向学生的个体生活和社会生活

本课程面向学生完整的生活世界,引导学生从日常学习生活、社会生活或与大自然的接触中提出具有教育意义的活动主题,使学生获得关于自我、社会、自然的真实体验,建立学习与生活的有机联系。要避免仅从学科知识体系出发进行活动设计。

3.课程实施注重学生主动实践和开放生成

本课程鼓励学生从自身成长需要出发,选择活动主题,主动参与并亲身经历实践过程,体验并践行价值信念。在实施过程中,随着活动的不断展开,在教师指导下,学生可根据实际需要,对活动的目标与内容、组织与方法、过程与步骤等做出动态调整,使活动不断深化。

4.课程评价主张多元评价和综合考查

本课程要求突出评价对学生的发展价值,充分肯定学生活动方式和问题解决策略的多样性,鼓励学生自我评价与同伴间的合作交流和经验分享。提倡多采用质性评价方式,避免将评价简化为分数或等级。要将学生在综合实践活动中的各种表现和活动成果作为分析考查课程实施状况与学生发展状况的重要依据,对学生的活动过程和结果进行综合评价。

总的来说,综合实践活动课程理念,以发展学生的综合素质为导向,以学生的生活世界为课程内容,以学生主动实践和开放生成为实施路径,以多元评价和综合考察为评价方式,充分发挥其独特的育人价值。

三、小学综合实践活动课程目标

《中小学综合实践活动课程指导纲要》从价值体认、责任担当、问题解决、创意物化四个方面提出小学、初中、高中各阶段的具体课程目标。各学段四个方面的目标根据学生年龄特点和学力水平特点而螺旋上升、逐级递进,通过劳动教育、科技教育、创客教育、校内外资源等形式的融合,提升学生的价值体认、责任担当、问题解决、创意物化能力和素养。具体来说,小学阶段课程目标主要有以下四个层面。

1. 价值体认层面

通过亲历、参与少先队活动、场馆活动和主题教育,参观爱国主义教育基地等,获得有积极意义的价值体验。理解并遵守公共空间的基本行为规范,初步形成集体思想、组织观念,培养对中国共产党的朴素感情,为自己是中国人感到自豪。

2. 责任担当层面

围绕日常生活开展服务活动,能处理生活中的基本事务,初步养成自理能力、自立精神、热爱生活的态度,具有积极参与学校和社区生活的意愿。

3. 问题解决层面

能在教师的引导下,结合学校、家庭生活中的现象,发现并提出自己感兴趣的问题。能将问题转化为研究小课题,体验课题研究的过程与方法,提出自己的想法,形成对问题的初步解释。

4. 创意物化层面

通过动手操作实践,初步掌握手工设计与制作的基本技能;学会运用信息技术,设计并制作有一定创意的数字作品。运用常见、简单的信息技术解决实际问题,服务于学习和生活。

第三节 综合实践活动课程组织原则及活动方式

综合实践活动课程的开发面向学生的社会生活、学习生活和家庭生活,课程组织要依照自主性、实践性、开放性、整合性和连续性的原则,从与学生成长密切相关的自然、社会和自身生活等方面进行选择设计、开展活动,把课程育人、活动育人、实践育人融入社会服务、考察探究、设计制作、职业体验各类活动中,注重育人质量的提升。

一、组织原则

《中小学综合实践活动课程指导纲要》从自主性、实践性、开放性、整合性、连续性五个方面对综合实践活动课程内容选择与组织原则做出指导。

1. 自主性

在主题开发与活动内容选择时，要重视学生自身发展需求，尊重学生的自主选择。教师要善于引导学生围绕活动主题，从特定的角度切入，选择具体的活动内容，并制订活动目标任务，提升自主规划和管理能力。同时，要善于捕捉和利用课程实施过程中生成的有价值的问题，指导学生深化活动主题，不断完善活动内容。

2. 实践性

综合实践活动课程强调学生亲身经历各项活动，在"动手做""实验""探究""设计""创作""反思"的过程中进行"体验""体悟""体认"，在全身心参与的活动中，发现、分析和解决问题，体验和感受生活，发展实践创新能力。

3. 开放性

综合实践活动课程面向学生的整个生活世界，具体活动内容具有开放性。教师要基于学生已有经验和兴趣专长，打破学科界限，选择综合性活动内容，鼓励学生跨领域、跨学科学习，为学生自主活动留出余地。要引导学生把自己成长的环境作为学习场所，在与家庭、学校、社区的持续互动中，不断拓展活动时空和活动内容，使自己的个性特长、实践能力、服务精神和社会责任感不断获得发展。

4. 整合性

综合实践活动课程的内容组织，要结合学生发展的年龄特点和个性特征，以促进学生的综合素质发展为核心，均衡考虑学生与自然的关系、学生与他人和社会的关系、学生与自我的关系这三个方面的内容。对活动主题的探究和体验，要体现个人、社会、自然的内在联系，强化科技、艺术、道德等方面的内在整合。

5.连续性

综合实践活动课程的内容设计应基于学生可持续发展的要求,设计长短期相结合的主题活动,使活动内容具有递进性。要促使活动内容由简单走向复杂,使活动主题向纵深发展,不断丰富活动内容、拓展活动范围,促进学生综合素质的持续发展。要处理好学期之间、学年之间、学段之间活动内容的有机衔接与联系,构建科学合理的活动主题序列。

二、活动方式

综合实践活动课程有考察探究、社会服务、设计制作、职业体验、党团队教育活动、博物馆参观等主要活动方式。

1.考察探究

考察探究是学生基于自身兴趣,在教师的指导下,从自然、社会和生活中确定研究主题,开展研究性学习,在观察、记录和思考中,主动获取知识,分析并解决问题的过程,如野外考察、社会调查、研学旅行等,它注重运用实地观察、访谈、实验等方法,获取材料,形成理性思维、批判质疑和勇于探究的精神。考察探究的关键要素包括:发现并提出问题;提出假设,选择方法,研制工具;获取证据;提出解释或观念;交流、评价探究成果;反思和改进。

2.社会服务

社会服务指学生在教师的指导下,走出教室,参与社会活动,以自己的劳动满足社会组织或他人的需要,如公益活动、志愿服务、勤工俭学等,它强调学生在满足被服务者需要的过程中,获得自身发展,促进相关知识技能的学习,提升实践能力,成为履职尽责、敢于担当的人。社会服务的关键要素包括:明确服务对象与需要;制订服务活动计划;开展服务行动;反思服务经历,分享活动经验。

3.设计制作

设计制作指学生运用各种工具、工艺(包括信息技术)进行设计,并动手操作,将自己的创意、方案付诸现实,转化为物品或作品的过程,如动漫制作、编程、陶艺创作等,它注重提高学生的技术意识、工程思维、动手操作能力等。在活动过程中,鼓励学生手脑并用,灵活掌握各类知识和技巧,提高学生的技术操作水平、知识迁移水平,体验工匠精神等。设计制作的关键要素包括:创意设计;选择活动材料或工具;动手制作;交流展示物品或作品,反思与改进。

4.职业体验

职业体验指学生在实际工作岗位上或模拟情境中见习、实习,体认职业角色的过程,如军训、学工、学农等,它注重让学生获得对职业生活的真切理解,发现自己的专长,培养职业兴趣,形成正确的劳动观念和人生志向,提升生涯规划能力。职业体验的关键要素包括:选择或设计职业情境;实际岗位演练;总结、反思和交流经历过程;概括提炼经验,投入应用。

综合实践活动除了以上活动方式外,还有党团队教育活动、博物馆参观等。综合实践活动方式的划分是相对的。在活动设计时可以有所侧重,以某种方式为主,兼顾其他方式;也可以整合方式实施,使不同活动要素彼此渗透、融合贯通。要充分发挥信息技术对于各类活动的支持作用,有效促进问题解决、交流协作、成果展示与分享等。

第四节　综合实践活动实践育人的价值及特点

价值,可以理解为人们参与某项活动时获得的物质或精神收益。教育价值,是学校、教师、社会、家庭通过各种方法,促进学生最终达到健康全面发展的育人目标。实践育人价值,是从人的终身发展和全面发展的角度,让每个学生在问题发现、问题探究、问题解决、责任担当、创新能力等各个方面都有不同程度的发展。

一、综合实践活动实践育人的独特价值

综合实践活动课程在一定程度上打破了"学科课程"与"活动课程"、"课堂教学"与"生产劳动"之间的边界,在学生综合素质培养方面发挥了重要作用。张华教授在《论素养本位课堂教学》中认为,无休止地"刷题"获得的是惰性知识,对孩子来说,非但无益反而有害。在他看来,现代教育与传统教育的区别是"一切知识的价值全在运用,知识是活动之后的结果"。书

本上的知识是活动的记录,不经过验证的知识不叫知识,而是知识的搬运工。张华教授认为:"我们不做知识的搬运工,要做知识的生产者。教育只有一门学科,那就是完整表现生活。知识的本质是观念,观念的本质是实践,让知识流向生活很重要。"

综合实践活动课程设置有效改善了中小学课程结构,丰富了课程类型,变革了教师的教学方式、学生的学习方式。小学阶段学生的学习方式、教师的教学方式决定学生的能力素养、德育素养、智育素养等发展,开展小学综合实践活动对于学生的全面发展意义重大,它们不仅有助于培养学生的综合素质,还能够激励学生积极探索,拓宽视野,从而实现培养学生德智体美劳全面发展的目标。其独特性体现在以下几个方面。

(一)完善了基础教育课程体系结构

2001 年教育部印发的《基础教育课程改革纲要(试行)》中规定"从小学至高中设置综合实践活动作为必修课"。2017 年教育部印发的《中小学综合实践活动课程指导纲要》中对综合实践活动课程的性质理念、内容目标、活动方式与评价等做出明确规定。综合实践活动课程作为我国法定必修课程,它和学科课程共同构成课程体系,进一步完善和补充了课程体系,充分发挥学科课程和活动课程全面协同育人的作用。

(二)提升了学生综合能力素养

综合实践活动是从活动课程发展而来的,具有跨学科性质的实践性课程,具有综合性、自主性、实践性、开放性的特点,通过为学生营造实践情境,引导学生主动探究、主动发现体验,提升实践能力。

综合实践活动和学科课程平行存在,自成体系,在育人方面发挥着重要作用,是培养学生全面素质的有效途径。国内研究成果表明,通过参与综合实践活动,学生能够在实践中更好地理解和应用所学知识。这种实践性的学习不仅能够加深学生对理论的理解,还能培养学生的实际操作能力。

(1)综合实践活动的实践过程往往能够锻炼学生的团队协作精神和沟通能力。在团队合作中,学生需要相互协作、分工合作,这有助于培养他们在未来工作和社交中的团队合作能力。

(2)综合实践活动还能够激发学生的创新精神,通过解决实际问题,激发学生的创造力和实践能力。综合实践活动不仅关注学生的学科知识，更注重培养学生的综合素养。

（3）促进了学生高阶思维的形成。传统教学以课堂为活动空间，一节课40分钟，教师以传授知识为主，学生学习较为被动。综合实践活动打破时间、空间、地域的限制，教师引导学生主动探究、主动实践、主动体验、主动感悟，综合运用各学科知识解决实际问题，促进高阶思维的形成。

（三）变革了教与学的关系

1. 学生学习方式的转变

《义务教育课程方案和课程标准（2022年版）》明确要变革育人方式，突出实践性。在综合实践活动课程中，学生学会综合运用各学科知识解决问题，进行考察探究活动。将这种学习方式迁移运用到学科课程的学习当中，可以有效地转变学生被动接受学习的局面，促进自主、合作、探究等多样化学习方式在学科课程中推广和运用。

2. 教师教育观念的转变

综合实践活动课程教学不再仅仅是教师引导学生认识间接经验的过程，而是师生在实际生活中通过交往共同建构意义的活动。教学中师生之间不是教与学的关系，师生之间是合作关系、朋友关系、平等对话交往的关系。

3. 课程开发能力的提高

综合实践活动在本质上是一门实践性课程，它是基于学生实践，面向学生生活的，为学生综合运用学科知识解决生活实际问题提供了广阔空间，搭建了现实平台。综合实践活动课程的具体内容是由学校自主开发和实施的，在教师开发和实施该课程的过程中，学生的课程意识和课程开发能力会在无形中得到锻炼与提高。

（四）强化了课程的融合

近年来，国家相继出台《完善中华优秀传统文化教育指导纲要》《加强中小学影视教育的指导意见》《新时代爱国主义教育实施纲要》《中小学劳动教育指导纲要》等文件，为推进青少年德智体美劳全面发展提供了坚强保障。

鉴于中小学课程门类很多,学生在校时间有限、课时数有限,应发挥综合实践活动课程融合性强的优势,有效吸纳上述意见、纲要的主要内容,谋求"1+1>2"的效果。比如选取综合实践活动主题时,可统筹《新时代爱国主义教育实施纲要》《完善中华优秀传统文化教育指导纲要》的主要内容,引导学生树立家国意识,增强民族自尊心、自信心和自豪感;将劳动教育融入综合实践活动课程,既丰富综合实践活动内容,又达到劳动教育目的;借助影视教育提高学生参与综合实践活动的热情和兴趣;等等。

(五)形成了学校课程特色

综合实践活动是一门国家课程、活动课程,从小学一年级到高中三年级开设的必修课程。《中小学综合实践活动课程指导纲要》指出,在开发和实施时需要各地区和各学校因地制宜,进行校本化实施。学校结合办学理念制定课程规划,统筹实施,有助于形成学校办学特色,推动学校高质量发展。

二、综合实践活动实践育人的突出特点

综合实践活动坚持面向全体学生的健康全面发展,坚持从社会生活和生成发展的实际出发,从人与自我、人与社会、人与自然的三个方面选择学生能达成的问题,主动进行探究和学习,这种注重在学生动态生成、主动探究、全面开放的实践性学习,和以往"以教材为中心、教师为中心"的学科课程中被动性地接受学习相比较,其在小学教学中扮演着至关重要的角色,它不仅丰富了学生的学校生活,而且为培养学生的实践能力和创新精神提供了必要条件,小学综合实践活动在实践育人方面有以下几个突出特点。

1. 核心目标转向能力的培养

在传统教学模式中,知识灌输往往占据主导地位,学生的动手能力和创造能力较为薄弱。在新课程改革中,综合实践活动更加注重从实践出发,培养学生的观察能力、思维能力和动手能力,促使学生在解决实际问题的过程中成长。

2. 课程内容的丰富性和灵活性

不同于传统课程的标准化教学内容,新课程改革下的综合实践活动允许教师根据学生的兴趣和实际条件选取适宜的教学主题和方法,例如环境

保护、社会服务和科技创新等,从而确保每一位学生都能找到适合自己的学习路径。

3. 学生的主体性得到了显著提升

在新课程改革下,综合实践活动强调以学生为中心,鼓励学生主动探索、积极参与,以项目式学习为核心模式,实现学生个性化的学习体验。通过这种方式,学生不仅仅是知识的接受者,更成为知识的创造者和实践的参与者。

4. 跨学科的整合能力显著增强

在新课程改革下,综合实践活动注重跨学科知识的综合应用,鼓励学生将数学、科学、语文等多种学科知识应用到解决实际问题中,增强学科间的相互渗透和融合,这种跨学科的综合能力是现代社会所必需的。

5. 教师的角色和教学方法经历革新

教师由传统的知识传递者转变为学习引导者和设计者,更注重帮助学生构建知识框架,激发学生的学习动力。教师采用的教学手段也更为多元,如翻转课堂、小组合作学习等,以适应新课程改革背景下的教学和学习需求。

第三章　小学综合实践活动实践育人
　　　与课程开发

　　综合实践活动课程面向学生完整生活的各个领域，是国家规定的必修课程，从小学一年级开始开设。教师要在小学综合实践活动课程中，根据本土资源、自身优势积极开发综合实践活动育人课程，在常态课程中充分引导学生，从自身完整的生活世界中发现感兴趣的、有意义的、可操作的活动主题，运用各学科知识在考察探究、社会服务、设计制作、职业体验等活动中探究、体验、实践，提升学生的发现问题、解决问题、动手实践等能力，增强价值体认、责任担当、问题解决和创意物化的意识和能力。

第一节　小学综合实践活动实践育人课程开发概述

　　课程的开发是课程规划和实施的重要组成部分，是课程内容的来源，是课程实施的必要条件。要进行实践育人课程的开发，必须深刻理解综合实践活动的课程理念、目标和重要意义，对课程资源、开发原则、资源类型有基本的了解。

一、综合实践活动实践育人课程开发的重要意义

　　2001 年教育部印发的《教材教育课程改革纲要（试行）》中规定，从2001 年秋季开始，从小学三年级开始综合实践活动课程。2017 年教育部印发《中小学综合实践活动课程指导纲要》，对综合实践活动课程性质、基本理念、课程目标、课程规划、课程实施提出了相应的要求，凸显综合实践活动实践育人原则，充分发挥其实践育人价值。但综合实践活动课程没有统一的

课程标准,没有统一的教材,没有专职的教师,上什么? 怎么上? 谁来上? 这些始终是困扰学校、教师开发和利用综合实践活动课程资源的核心问题,它制约着学生学习方式的变革、教师育人方式的变革、课程育人价值的体现,影响着学生能力的发展、教师专业的发展等。因此,课程的开发具有重要的意义,主要表现在以下几个方面。

1.改变学生的学习方式

综合实践活动课程资源的开发为学生的学科知识和生活实践相结合提供了新鲜内容,学生在自主探究、自主实践、合作交流、劳动锻炼中提升学习能力,学会大胆猜测、调查研究、实验分析,逐渐懂得通过实践发现问题、提出解决方案的重要性。在这个充满活力的课堂中,他们挖掘知识的深度,培养了创新思维。实践不仅仅是课堂上的观点论证,更是一次次勇敢的尝试,让学生在失败中成长,收获坚忍的意志。小学阶段的教师能立足学生的健康全面发展,从改变学生学习方式和变革自身教学方式的角度出发,用综合实践活动育人理念开发课程资源,不仅能让学生拥有扎实的理论基础,更能在未知的领域中游刃有余,为学生未来的发展打下坚实基础,促进学生在德智体美劳各方面的全面发展。

2.拓宽学生的学习空间

通过具体而鲜活的社会与生活资源,学生获得了更广泛的学习机会,这些课程资源的学习环境带来的问题与课本或学校中遇到的问题有所不同,它们更多地涉及与他人、环境、自然和社会的交互,学习的内容和方式突破时间和空间的限制。通过这样的课程开发,学生们逐渐成为自主学习的倡导者,他们在实践中培养了解决问题的能力,不再拘泥于传统教学模式。同时,学习空间的拓展使得他们能够涉足不同领域,形成更为丰富的知识体系。这种变革也激发了教师更具启发性的教学方法,他们不再是传授者,而是引导者,与学生共同探讨、发现知识的奇妙之处。

3.促进教师的专业发展

学生在实践中不再只是被动地接受知识,而是培养了创新思维和解决问题的能力。学习不再局限于课堂,而是融入生活的方方面面。教师在教学过程中不再"高高在上",而是要俯下身子和学生共同探讨和研究问题,引导学生探究、实验、猜想、验证、合作、交流。教师也因此成为学生学习路上的引导者,激发学生内在的潜能,这种育人方式的改变,使得教育更具人性化,更符合时代的需求。同时,教师在授课时也更加自信,促进专业发展,提升教育质量。

4. 拓展学校的育人路径

学校结合办学理念和特色文化,根据指导纲要精神总体规划和开发设计制作、社区服务、职业体验、劳动教育、研学旅行、考察探究类活动,丰富课程资源,满足学生个性化发展的需要,充分发挥综合实践活动实践育人价值。

二、小学综合实践活动实践育人课程开发的主要原则

有效开发与合理利用课程资源是广大专兼职综合实践活动教师必备能力之一。开发和利用课程资源可以围绕《义务教育课程方案和课程标准(2022 年版)》"聚焦发展学生核心素养,培养学生适应未来发展的正确价值观、必备品格和关键能力,引导学生明确人生发展方向,成长为德智体美劳全面发展的社会主义建设者和接班人"的指导思想,统筹各门课程跨学科主题学习与综合实践活动安排,注重统一规范与因校制宜相结合,统筹校内外教育教学资源,将理念、原则、要求转化为具体育人实践活动。

综合实践活动课程资源的开发和利用不是无序的、杂乱的、随意的,开发原则是一个系统性的问题,涉及课程资源的获取、整合、利用和评价等多个环节。为了确保课程资源的科学、合理、有效地开发,我们需要遵循一定的原则,包括《中小学综合实践活动课程指导纲要》中的指导思想、《义务教育课程方案和课程标准(2022 年版)》的政策依据,以及科学性、合理性、有效性和可持续性等原则。课程的开发和利用应符合《中小学综合实践活动课程指导纲要》要求,课程内容应服务于教学内容,植根于社会生活,紧密联系学生生活实际,课程教师应充分发挥各种课程资源的实践教育功能,引导学生参与课程实施全过程,调动学生的活动兴趣,融合自己的生活体验,使所开发的课程资源有效服务于教育目标、服务于课程实施。只有这样,我们才能实现综合实践活动课程资源的科学、合理、有效的开发,为学生的全面发展提供有力的支持。

（一）政策性原则

1. 以《中小学综合实践活动课程指导纲要》为指导思想

该指导纲要明确了综合实践活动课程的性质、目标、内容、实施要求和方法，为课程资源的开发提供了理论指导和基本框架。具体来说，指导纲要强调了综合实践活动课程要注重学生的全面发展，强调实践性、探究性和创新性，倡导跨学科、跨领域的学习，强调课程资源的开放性和共享性。这些指导思想为综合实践活动课程资源的开发提供了基本的方向和目标。

2. 以《义务教育课程方案和课程标准（2022 年版）》为政策依据

《义务教育课程方案和课程标准（2022 年版）》明确了我国基础教育课程改革的方向和目标，强调了课程资源的综合化、多样化、开放化。这一政策依据为综合实践活动课程资源的开发提供了政策支持和保障。具体来说，《义务教育课程方案和课程标准（2022 年版）》要求各地教育部门要根据本地区的实际情况，结合学生的需求和特点，科学合理地开发和利用课程资源，注重课程资源的共享和交流，提高课程资源的利用效率和效益，凸显实践育人理念。

（二）育人性原则

在综合实践活动课程资源开发的过程中，我们还必须遵循以下几个基本育人原则。

1. 实践性原则

实践性原则是综合实践活动课程资源开发的核心。实践性原则强调学生在课程实施过程中要亲身参与实践活动，通过实际操作和实践来掌握知识和技能。实践性原则要求课程资源开发注重实际操作和动手能力的培养，鼓励学生走出课堂，走进社会，参与各种实践活动。例如，在课程设计阶段，教师可以根据学生的兴趣和特长，设计一系列具有实践性的活动，如实地考察、实验操作、社会调查等，让学生在实践中学习，提高学生的动手能力和创新能力。

2. 开放性原则

开放性原则强调课程资源的开放性和共享性，鼓励学生自主选择和设计学习活动,充分发挥学生的主动性和创造性。开放性原则要求课程资源开发要注重培养学生的自主学习能力,教师应为学生提供丰富的学习资源和信息,鼓励学生根据自己的兴趣和特长选择学习内容和方法。例如,在课程实施阶段,教师可以引导学生自主选择实践活动主题,制订学习计划,并在过程中给予指导和支持,以提高学生的自主学习能力。

3. 生活性原则

生活性原则强调课程资源的贴近性和实用性,要求课程资源贴近学生的生活实际,关注学生的情感需求,提高课程的趣味性和吸引力。生活性原则要求课程资源开发注重与学生生活经验的联系,教师可以根据学生的兴趣和特长,设计富有生活气息的学习活动,让学生在活动中体验到学习的乐趣和成就感。例如,在课程设计阶段,教师可以根据学生的兴趣和特长,设计一系列生活化的实践活动,如家庭手工制作、户外拓展训练等,以提高学生的学习兴趣和参与度。

4. 社会性原则

社会性原则强调课程资源的互动性和合作性,要求课程资源要注重与社会的联系和互动,提高课程的实践性和针对性。社会性原则要求课程资源开发要注重与社会资源的整合,教师可以根据学生的兴趣和特长,设计具有社会性的学习活动,让学生在活动中体验到社会的多样性和复杂性。例如,在课程实施阶段,教师可以引导学生参与社会实践活动,如志愿者服务、环保行动等,以提高学生的社会责任感和公民素养。

5. 效能性原则

(1)科学性原则。科学性原则要求我们在课程资源的开发过程中,注重科学的方法和技术,确保资源的获取、整合、利用和评价的科学性和合理性。例如,我们可以采用大数据、人工智能等技术手段,对课程资源进行分析和评估,从而为课程资源的开发提供科学依据。

(2)合理性原则。合理性原则要求我们在课程资源的开发过程中,注重资源的平衡和协调,确保资源的利用能够满足学生的需求和特点。在课程实施过程中,教师应注重与生活实际以及与其他课程的跨学科主题实践,结合学生的学习需求,面向丰富多彩的社会生活开发课程资源,选取学生感兴趣的活动资源组织教学活动,因地制宜、因时制宜、因生制宜,确保活动开展合理有效,为学生的健康全面发展服务。例如,我们可以根据学生的兴趣爱好、学科特长等因素,合理选择和配置课程资源,从而提高课程资源的利用效益。

(3)有效性原则。有效性原则要求我们在课程资源的开发过程中,注重资源的实际效果和效益,确保资源的利用能够真正提高学生的学习兴趣和学习能力。为达到课程资源开发的有效可操作,一是选材要切合学生生活实际,坚持从学生的学习生活、家庭生活、社区生活出发,选择符合学生需求和能激发学生兴趣的问题作为活动主题。二是活动形式和内容要符合学生的认知水平和年龄特点,以学生喜闻乐见的、接地气的材料开展课程活动。例如,我们可以通过课前开展学生问题、兴趣实证调查,对课程资源的实际效果进行评估和分析,从而为课程资源的开发提供有益的借鉴。

总之,在课程资源的开发过程中,我们需要遵循科学性、合理性、有效性和可持续性等原则,注重课程资源的科学获取、合理整合、有效利用和可持续发展,从而为学生提供更加优质、高效、环保的课程资源。

三、小学综合实践活动实践育人课程资源的主要类型

陈树杰教授在《综合实践活动课程引论》中指出,综合实践活动课程资源的开发,一般都表现为一定的成果,以一定的形式出现,可以是文本、材料、工具等;可以是具象存在,也可以是虚拟存在。综合实践活动课程资源的开发成果从宏观层面大体可以分为供大范围实验的具有共性特点的基本教育资源和供学校等局部使用的个性化课程资源两类。为了实施方便,目前大多将课程资源分为校内课程资源和校外课程资源两大类,每一类别之下又区别为素材性课程资源和条件性课程资源。

在综合实践活动课程研究和实施过程中,主要有两种观点:一种观点认为,综合实践活动课程没有与学科课程一样的固定教材和教学参考,地方、学校、教师开展实施综合实践活动课程没有可借鉴的资源和平台,加大实施难度。另一种观点则认为,综合实践活动是开放性、实践性、综合性为一体的实践性课程,统一编写教材会约束学生开放性、创新性思维的发展,无法真正体现实践育人的效能。实践证明,从发展学生综合素养、提升教师课程能力,为师生开发高质量、可操作的资源包、信息平台、教学案例集是必要

的。如福建省中小学使用的上海科技教育出版社综合实践活动资源包,中小学智慧教育平台的一师一优课、精品课资源等,这些优秀课程资源是一线综合实践活动专兼职教师实施课程的"支架",对课程的稳步推进意义重大。

第二节　考察探究活动与实践育人

考察探究活动是学生基于自身兴趣,在教师的指导下,从自然、社会和学生自身生活中选择和确定研究主题,开展研究性学习,在观察、记录和思考中,主动获取知识,分析并解决问题的过程,如野外考察、社会调查、研学旅行等,它注重运用实地观察、访谈、实验等方法,获取材料,形成理性思维、批判质疑和勇于探究的精神。考察探究的关键要素包括:发现并提出问题;提出假设,选择方法,研制工具;获取证据;提出解释或观念;交流、评价探究成果;反思和改进。

一、考察探究活动的特点

考察探究活动是一种综合性的教学活动,旨在通过实践活动的方式,让学生在探究中获取知识和技能,培养学生的创新精神和实践能力。这种活动具有以综合为前提、以探究为主导、以问题为导向、以实践为依托等特点,有助于学生的全面发展。

1.以综合为前提

这种活动不仅包括学科知识的学习,还包括社会、文化、艺术等方面的学习,涵盖了学生的知识、能力、情感、态度等多个方面,有助于学生全面发展和综合素质的提高。

2.以探究为主导

这种活动强调学生的主动探究和自主学习,学生需要通过观察、实验、调查、探究等方式,自主地获取知识和技能,培养思维能力和创新能力。

3.以问题为导向

这种活动强调学生的探究过程,学生需要根据问题展开探究,发现问题、分析问题、解决问题,从而获得新的知识和技能,培养学生的实践能力和解决问题的能力。

4. 以实践为依托

这种活动强调学生的实践操作和动手能力,学生需要在实践中获取知识和技能,培养动手能力和实际操作能力,从而提高学生的实践能力和应用能力。

二、考察探究活动的育人目标

考察探究活动是一种富有挑战性的教学模式,该模式旨在通过实践活动的方式,让学生在探究中获取知识和技能,提升学生的创新精神和实践能力,为他们的未来发展奠定坚实的基础。小学综合实践活动的育人目标主要有以下六个方面。

1. 提高学生的学习兴趣和参与度

考察探究活动是一种综合性教学活动,注重运用实验、观察、调查等方法,引导学生主动参与实验研究、考察探究、社会调查等活动,综合运用数学、科学、语文等各学科知识在实践中学习,提高他们的学习兴趣和参与度。

2. 提高学生建构跨学科知识框架的能力

学生在进行考察探究活动时,主动发现问题,主动建构跨学科知识框架,自主尝试综合运用各学科知识以分析问题、探究问题、解决问题,最终形成跨学科学习能力、知识建构能力。

3. 提高学生的主动探究和参与意识

考察探究活动是一种探究式教学活动,它注重培养学生的主动参与和探究精神。在综合实践活动中,学生需要自主选择探究的主题和问题,通过查阅资料、设计实验、分析数据等方式来解决问题。这种探究式教学活动可以培养学生的自主学习能力和解决问题的能力,提高他们的创新精神和实践能力。

4. 提高学生的团队协作和沟通能力

在综合实践活动中,学生需要与他人合作,共同完成一个项目或任务。这种合作式教学活动可以提高学生的沟通能力和团队协作能力,培养他们的社交技能和领导能力。

5.提高学生的评价能力

考察探究活动是一种评价式教学活动。在综合实践活动中,学生需要对自己的实践活动进行总结和反思,同时还需要对其他学生的实践活动进行评价。这种评价式教学活动可以提高学生的自我评价能力和互评能力,培养他们的批判性思维和创新能力。

6.提高学生的自主学习能力和自我管理能力

在考察探索活动中,学生需要独立完成任务,因此具备自主学习能力和自我管理能力至关重要。教师可以通过引导学生制订学习计划、自主查找资料等方式,帮助学生提高自主学习能力。同时,教师还应帮助学生建立良好的时间管理习惯,确保学生在探究过程中能够合理安排时间,提高工作效率。

三、考察探究活动的主要类型

小学综合实践活动考察探究活动的类型有很多种,但无论哪种类型,都是为了让学生能够更好地理解所学知识,培养学生的实践能力和综合素质。考察探究活动的类型主要有以下三类。

1.实地考察类

这种类型的综合实践活动通常要求学生走出课堂,到实地去进行观察、调查、采集等探究活动。例如,组织学生去当地的自然公园或历史遗址之类的地方进行实地考察,了解当地的自然环境、历史文化遗产等。通过实地考察,学生可以亲身体验、观察、感受和理解所学的知识,增强对实践的认知和理解。

2.社会调查类

这种类型的综合实践活动通常要求学生通过调查问卷、访谈等方式,了解社会上的某些问题或现象。例如,组织学生去当地的社区、学校等进行社会调查,了解当地居民的生活习惯、学校教育状况等。通过社会调查,学生可以增强对社会的认知和理解,同时也可以培养学生的沟通能力和团队协作能力。

3.科技探究类

这种类型的综合实践活动通常要求学生通过科技手段进行探究和实

验。例如,组织学生进行小发明、小制作等科技探究活动,通过创新思维和动脑动手,探究和解决某些实际问题。通过科技探究,学生可以培养创新思维和动手能力,同时也可以增强对科技的认知和理解。

四、考察探究活动的基本流程

1. 活动前的准备

在活动开始前,教师需要对活动进行充分的准备,包括确定活动的主题、目标和内容,制订活动计划和时间表,以及选择合适的教学方法和材料。教师还需要向学生介绍活动的背景和目的,让学生对活动有足够的了解和认识。

2. 活动中的探究

在活动进行中,教师需要引导学生进行探究。探究是活动中的核心环节,需要学生自主进行探究,发现和解决问题。教师需要提供必要的支持和指导,帮助学生更好地进行探究。

3. 活动后的总结和反思

在活动结束后,教师需要引导学生对活动进行总结和反思。总结和反思是活动的重要组成部分,可以帮助学生巩固学习成果,提高学习能力和思考能力。教师需要引导学生从不同的角度对活动进行总结和反思,鼓励学生表达自己的想法和观点。

4. 活动后的评价

在活动结束后,教师需要对活动进行评价。评价可以帮助教师了解活动的效果和不足,为今后的活动提供参考和改进意见。教师需要对活动进行客观、全面的评价,提出改进措施和建议。

五、考察探究活动的实施策略

提高小学综合实践活动考察探究活动的效率,需要从明确目标和计划、激发学生的兴趣和热情、提供必要的支持和资源、建立有效的沟通和合作、评估和反馈等多个方面进行。教师需要根据实际情况,灵活运用这些策略,以提高活动的效率和质量。

1. 明确目标和计划是提高活动效率的基础

教师应在活动开始之前,明确活动目标和计划,让学生知道他们将要探究的主题和任务,以便他们更好地准备和参与活动。此外,教师可以制订一份详细的活动计划,包括活动的时间、地点、内容和评估标准等,以便学生有一个清晰的了解。

2. 激发学生的兴趣和热情对于提高活动效率至关重要

教师可以通过多种方式激发学生的兴趣和热情,例如使用有趣的故事、图片、视频等,或者组织学生进行实地考察、实验、游戏等活动,让学生在活动中感受到乐趣和成就感。这种激发兴趣的方法,不仅能够提高学生的参与度,还能促使他们更加主动地投入活动,从而提高活动的效率。

3. 提供必要的支持和资源是提高活动效率的关键

教师需要为学生提供必要的支持和资源,例如提供相关的书籍、资料、工具、设备等,以便学生更好地完成任务。同时,教师还需要提供适当的指导和帮助,例如解答学生的问题、提供建议、提供反馈等。这种提供支持和资源的方法,可以让学生更加顺利地完成任务,从而提高活动的效率。

4. 建立有效的沟通和合作也是提高活动效率的重要手段

在活动中,学生需要进行有效的沟通和合作,以便共同完成任务。教师可以通过小组合作、讨论、分享等方式,促进学生之间的交流和合作。同时,教师还需要建立有效的监督和管理机制,确保学生按照计划和标准完成任务。这种建立沟通和合作的方法,可以让学生更加高效地完成任务,从而提高活动的效率。

5. 评估和反馈对于提高活动效率具有重要作用

在活动结束后,教师需要对学生的表现进行评估和反馈,以便了解学生的学习成果和不足之处。评估和反馈应该客观、公正、具体,并且应该与学生的实际表现相符。教师可以提供适当的奖励和鼓励,以激发学生学习的积极性和动力。这种评估和反馈的方法,可以让学生更加明确自己的学习目标和方向,从而提高活动的效率。

六、考察探究活动课例

课例开发设计:教师先在五年级学生中开展一课时教学活动,学生在了解掌握一些辨别网络信息真伪的基础上,增强网络信息辨别能力。以本次活动为拓展点,激发学生进一步调查了解网络诈骗给人们生活带来重大危害的考察探究兴趣,主动设计网络诈骗调查问卷。

活动课例一:网络信息辨真伪

【活动背景】

"网络信息辨真伪"活动适合五年级学生开展,学生在具备在网络上搜索信息的能力后,提高判断真实信息和虚假信息的能力。在活动中学生能从信息的来源、信息的要素以及对信息进行考证三个方面对信息进行鉴别和评价,增强学生的网络信息辨别和使用能力。

【学情分析】

五年级学生已经具备有关信息的基础理论知识、信息的概念、信息的要素等,并且已经学会启动浏览器,浏览网站,利用搜索引擎搜索并获取自己需要的信息,会保存需要的网页。学生对于上网查找信息的兴趣浓厚,但他们对于信息的真伪辨别能力不足,特别是面对最近几年疯狂的网络诈骗,学生该如何快速有效地识别并抵制不良信息? 基于上述分析,本节课学生的学习内容是根据使用网络过程中的实际需求,借助本次活动,增强学生的网络信息辨别能力。

【活动目标】

(1)了解进行信息的鉴别与评价的三个方面:信息的来源、信息的要素、对信息进行考证。

(2)能根据具体案例来鉴别与评价案例中的信息。

(3)通过分析、讨论和交流案例,鉴别和评价案例中信息,学会对案例中蕴含的信息进行总结。

(4)形成敏锐的洞察力,学会识别和抵制身边的不良信息。

活动重点:掌握辨别信息真伪的基本方法。

活动难点:能对信息形成敏锐的洞察力及对信息的真伪有较强的辨别能力。

【活动过程】

1.眼见为实,图片导入

出示视觉错觉的图片。(提问:红色线段是否一样长?)让学生明白看起来的和实际的是不同的。眼见未必为实,网络信息也是一样的,看到和听到的未必是真的,网络信息有真有假,今天我们就一起走进"网络信息辨真伪"。(出示课题)

2.提出疑问,自主探究

(1)引入信息,任务驱动

大家接收过"恭喜你中奖了""我是公安机关工作人员,需要核对你的信息,请配合"等信息吗? 最近老师被这样的一些信息所困扰,你们能帮老师解开疑惑吗? 你准备从信息的哪些方面入手?

(2)分享信息,提出质疑

1)消息的来源是哪里?

2)是官方发布的吗?

3)还有什么辨别方法?

(3)师生交流

针对前面提出的质疑展开讨论。

3.慧眼辨真伪,小试身手

飞机撒药治白蛾(转发信息):要求采用不同的方法求证,如权威网站信息、有关部门的辟谣。

【任务驱动,能力训练】

接下来,考验同学们的时候来了,老师准备了一则网络信息,看看哪一小组能最快以火眼金睛辨出它的真伪。

(1)出示温馨提示。

(2)小组合作,完成任务。

(3)汇报展示,得出结论,说明原因。

4.慧眼辨真伪,大展身手

同学们能有效、快速地通过上网搜索,辨别出信息的真伪。现在是一个信息快速传播的网络时代,我们除了在网络上获取信息,更便捷的是通过手机浏览获取信息。前几天,老师就在微信上看到这样几则信息。

案例一:QQ 通知中奖信息。

案例二:巴溪湾实习老师准备新教师招聘考试,要报培训机构。

案例三:2024 年 6 月 4 日永安天气预报。

案例四:溺水不超过 1 小时可以救活。

案例五:兼职网络刷单,月入过万。

(其中"天气预报"这条网络信息,拓展信息的时效性和价值取向知识点)

5.思考讨论,正确对待

(1)网络世界信息有真有假,谣言无处不在。

(2)遇到网络谣言时你该怎样做?

(3)怎样正确看待身边的信息? 学生交流,教师小结。

(4)出示:习近平总书记对待网络安全问题的重要讲话。

6.活动总结,拓展延伸

(1)引导小结:大家一起探究了如何辨别网络信息的真假,你能总结一下辨别网络信息真伪的几个小技巧吗?

(2)拓展活动:面对层出不穷的网络诈骗,请你搜集有关网络诈骗的案例,并在自己小区进行防诈支招。

【活动反思】

本次活动深受学生欢迎,符合学生年龄和认知特点,网络信息辨别挑战中学生积极进行讨论,结合自身生活经验提出信息辨别小妙招。当大家认识到网络诈骗给人们生活、学习带来重大危害时,产生继续调查本校学生家庭防网络诈骗现状调查研究的兴趣。

活动课例二:永安市巴溪湾小学生家庭防网络诈骗现状调查研究

【活动背景】

"永安市巴溪湾小学生家庭防网络诈骗现状调查研究"是针对当前网络诈骗猖獗现象开展的一次社会实践活动,引领学生体验社会调查的过程,了解设计一份调查问卷的基本要素及注意事项,培育学生乐于探究、乐于合作的良好品质。

【活动目标】

(1)通过对调查问卷的学习与分析,了解调查问卷的基本要素,明确调查问卷格式及设计要求。

(2)结合本次活动主题,设计一份比较规范的调查问卷,提高问卷设计能力。

【活动重难点】

确定调查问题,掌握调查问卷的设计格式与注意事项,4人小组合作完成"永安市巴溪湾小学生家庭防网络诈骗现状调查研究"调查问卷设计。

【活动准备】

教师准备:设计完整合理和有设计缺陷的调查问卷各一份。

学生准备:每个小组收集两份调查问卷。

【活动过程】

1.谈话激趣,导入课题

回顾前次的信息辨别活动,提出网络诈骗危害的话题,探讨实现活动目标的探究方法,提出调查问卷主题。(设计意图:回顾前次活动内容,激发学生产生探究兴趣,产生探究内驱力,明确本次活动内容。)

2.合作探究,探明要素

(1)小组合作,自主探究

教师引领各小组学生利用课前收集的调查问卷,通过阅读、观察,发现一份调查问卷的主要组成部分,完成学习记录单。

(2)组际交流,归纳整理

1)各小组代表汇报调查问卷的主要组成部分及注意事项,教师引导学生倾听记录,并板书。

2)教师出示设计完整合理和有设计缺陷的调查问卷各一份,引导学生进行对比观察。

3.实践体验,完成设计

(1)合理分工,完成调查问卷设计

1)结合调查主题"永安市巴溪湾小学生家庭防网络诈骗现状调查研

究",完成卷首语、引导语、调查问题设计。

2)注意合理分工,设计的调查问题采用选择题与判断题形式,遵循便于统计原则。

(2)小组合作设计,教师巡视记录问题

1)完成卷首语设计。

2)完成引导语设计。

3)围绕主题,设计调查问题,突出问题重点。

4)做好展示交流准备。

(3)展示交流,评价改进

1)卷首语设计表述:您好!我们是永安市巴溪湾小学五(11)班的学生,我们在开展"永安市巴溪湾小学生家庭防网络诈骗现状调查研究",想了解我们学校1至6年级学生家庭防网络诈骗情况,增强大家的防诈意识。本次问卷采用不记名的形式,请如实放心填答。谢谢您的配合!

2)引导语的设计表述:本次问卷,我们采用网络问卷星填答形式,请如实填答,感谢您的参与。

3)重点问题的设计。设计的问题是否围绕调查主题;答案选项直观明了;问题数量10题左右。

4)根据各小组交流建议情况,完善改进本小组的问卷设计。

(设计意图:通过小组成员的合理分工协作和教师引导的归纳整理,围绕调查主题设计格式正确、问题有效的调查问卷,提升学生合作能力和问卷设计能力。)

4.尝试调查,拓展活动

带上自己小组设计的调查问卷,回家请家长阅读并提出修改建议,再次修改调查问卷,全班整理出一份最佳调查问卷,提交其中一位家长代表完成问卷星小程序,发进各班级群供家长填答。

第三节　社会服务活动与实践育人

随着我国社会经济的迅速发展,人们对教育的需求日益多元化。为满足学生全面发展的需求,我国小学教育逐渐开始关注培养学生的实践能力和创新能力。综合实践活动作为小学教育的重要组成部分,其主要目的在于通过实践活动提升学生的动手能力、思维能力和创新能力,同时培养学生的社会责任感与公民素养。其中,社会服务作为综合实践活动的一个重要组成部分,旨在培养学生关爱社会、服务他人的意识和能力。

一、社会服务活动的内涵

社会服务指学生在教师的指导下,走出教室,参与社会活动,以自己的劳动满足社会组织或他人的需要,如公益活动、志愿服务、勤工俭学等,它强调学生在满足被服务者需要的过程中,获得自身发展,促进相关知识技能的学习,提升实践能力,成为履职尽责、敢于担当的人。社会服务的关键要素包括:明确服务对象与需要;制订服务活动计划;开展服务行动;反思服务经历;分享活动经验。

二、社会服务活动的育人目标

社会服务活动作为小学综合实践活动的重要部分,旨在塑造学生的社会责任感和服务意识,同时提升他们的实践技能和团队协作精神。以下是小学综合实践活动社会服务活动的育人目标。

1. 提升学生的社会责任感和服务意识

通过参与社会服务活动,学生可以更深入地理解社会和人类的需求,从而增强他们的社会责任感和服务意识。这一目标的实现可以通过让学生亲身参与各种社区服务活动,如志愿者服务、环保行动、文化传承等,使他们更加深入地了解社会的运行规律和人类的需求。

2. 提升学生的实践技能和团队协作精神

社会服务活动需要学生进行实际操作和实践,同时需要他们与团队合作完成任务。通过参与社会服务活动,学生可以锻炼自己的实践技能,提高团队协作能力,培养他们的实践能力和团队合作精神。这一目标的实现可以通过组织学生参与各种实践活动,如社区服务、科学实验、艺术创作等,从而让他们在实践中提升自己的实践技能和团队协作精神。

3. 提升学生的沟通能力和人际交往能力

社会服务活动需要学生与不同的人群进行沟通和交流,从而提高他们的沟通能力和人际交往能力。这一目标的实现可以通过让学生参与各种社会服务活动,从而让他们在实践中提高自己的沟通能力和人际交往能力。

4.提升学生的自我管理能力和自我激励能力

社会服务活动需要学生自我管理和自我激励,从而培养他们的自我管理和自我激励能力。这一目标的实现可以通过让学生参与各种社会服务活动,如志愿者服务、社区活动、文化传承等,从而让他们在实践中提升自己的自我管理和自我激励能力。

5.提升学生的领导力和决策能力

社会服务活动需要学生担任不同的领导角色,从而培养他们的领导力和决策能力。这一目标的实现可以通过让学生参与各种社会服务活动,从而让他们在实践中提升自己的领导力和决策能力。

三、社会服务活动的主要类型

社会服务活动是学校教育中不可或缺的一部分,能够培养学生的社会责任感和团队合作精神,同时也能提高学生的实际操作能力和实践经验。学校应该注重社会服务活动的组织和管理,为学生提供更多的机会参与社会服务活动,从而促进学生的全面发展。在小学阶段,社会服务活动通常包括以下几种基本类型。

1.社区服务

社区服务是指学生参与社区志愿服务活动,如环保、绿化、交通管理等。这些活动可以增强学生的社会责任感,同时也能提高他们的实际操作能力和团队协作能力。

2.志愿者服务

志愿者服务是指学生自愿参与志愿服务活动,如捐款、捐物、支教等。这些活动可以增强学生的社会责任感和团队协作能力,同时也能提高他们的实际操作能力和社交能力。

3.公益服务

公益服务是指学生参与公益志愿服务活动,如慈善捐款、环保行动等。

这些活动可以增强学生的社会责任感和团队协作能力,同时也能提高他们的实际操作能力和社交能力。

4.科技服务

科技服务是指学生参与科技志愿服务活动,如科技创新比赛、科技展览等。这些活动可以增强学生的科技意识和创新能力,同时也能提高他们的实际操作能力和团队协作能力。

四、社会服务活动的基本流程

社会服务活动的过程和方法要求学生具备一定的实践能力和创新能力,学生从自身感兴趣的主题中选择服务内容和对象,在教师的引导、参与、合作下完成体验活动。在小学综合实践活动中,社会服务活动的基本流程主要包括以下几个方面。

1.确定服务主题

根据社会服务的内容和形式,教师和学生共同确定一个具有针对性和实际意义的社会服务主题。

2.制订服务计划

学生根据服务主题,制订具体的服务计划,包括服务时间、地点、人员分工等内容。

3.实施服务行动

学生按照服务计划,开展社会服务活动,关注服务过程中的困难和问题,不断调整和完善服务计划。

4.总结服务经验

在服务活动结束后,学生对服务过程进行总结和反思,记录服务过程中的收获和成长,为今后的社会服务活动积累经验。

五、社会服务活动的指导策略

提高小学综合实践活动社会服务活动效率的主要策略包括明确目标、合理分工、制订计划、有效沟通、鼓励学生、及时反馈、建立评价机制、利用科技手段、注重安全和持续改进等。这些策略可以帮助学生更加高效地参与活动,提高活动的质量和效果。

1. 明确目标

在进行社会实践活动之前,首先要明确活动的目标,让学生知道自己的行动方向和目的。这样可以帮助学生更加专注于活动,提高效率。

2. 合理分工

在活动中,合理分工是非常重要的。可以让学生根据自己的特长和兴趣,分配不同的任务,让他们在完成任务的同时,也能够发挥自己的长处。

3. 制订计划

在活动开始之前,制订一个详细的计划,包括活动的时间、地点、人员、任务等,这样可以帮助学生更好地组织活动,提高效率。

4. 有效沟通

在活动中,有效的沟通是非常重要的。教师应该与学生保持良好的沟通,及时了解活动的进展情况,解决问题,提高效率。

5. 鼓励学生

教师应该鼓励学生积极参与活动,发挥自己的创造力和想象力,这样可以提高学生的积极性和参与度,提高效率。

6. 及时反馈

在活动结束后,及时向学生反馈活动的成果和不足,让学生了解自己的表现,及时调整自己的行为,提高效率。

7. 建立评价机制

建立一个评价机制,对学生的表现进行评价,这样可以激励学生更加努力地参与活动,提高效率。

8. 利用科技手段

利用现代科技手段,如社交媒体、在线平台等,可以方便学生之间交流、分享和合作,提高效率。

9. 注重安全

在活动中,安全是非常重要的。教师应该注重学生的安全,制定详细的安全措施,避免意外发生,提高效率。

10. **持续改进**

教师应该持续改进活动的方式和方法,根据学生的反馈和实际情况进行调整,不断提高活动的效率和质量。

六、社会服务活动案例

活动案例:文明社区,我们在行动

【活动背景】

社会服务活动是学生在教师指导下,走出教室,参与社会事物和社区实践活动,提高实践能力,增强社会责任感的实践育人活动。开展"文明社区,我们在行动"实践活动,学生可以零距离接触社区的交通、卫生、环境,丰富学生的生活体验,提高语言沟通能力,体悟美好生活。

【活动目标】

(1)通过进社区活动,了解社区服务的基本方法,提高合作沟通能力。

(2)在社区活动中观察社区环境、交通、卫生情况,能主动服务,勤于奉献,提升学生的动手实践能力,增强学生的文明意识。

【活动重难点】

(1)发现社区不文明现象,制订活动方案。

(2)发现社区不文明现象,进行整理和劝导。

【活动准备】

教师准备:

(1)与少先队辅导员联系,与社区管理人员联系,确定活动时间、内容等具体事宜。

(2)进行学生分组,分配任务。

(3)联系家委会,确定家长志愿者协作名单。

(4)制订活动方案和安全预案。

学生准备:

(1)观察自家小区安全、卫生、环境情况。

(2)准备拍照记录工具。

(3)准备清理劳动工具。

【活动过程】

第一阶段:确定服务对象

1.创设城市生活情境

(1)播放永安市创办全国文明城市宣传视频,让学生感受文明城市的风光美、人情美与环境美。

(2)学生交流:家乡最值得大家骄傲的是什么?可以从山美、水美、人美、家乡小吃特产等方面回答。

2.明确社会服务主题

全国文明城市的创建需要你我他共同努力,作为文明城市的小学生,应该积极主动配合家长、老师、社区做好文明创建工作,主动参与社区服务,做文明使者。确定服务主题:文明社区,我们在行动。

(设计意图:优美和谐的宣传画面,激发学生主动参与社区服务的热情,增强学生对家乡的自豪感)

第二阶段:组建服务小组,制订活动计划

1.发现存在问题

(1)学生课后独自或小组合作到各自生活的小区、周边广场、社区公园进行观察、走访,并用镜头拍摄或用笔记录不文明的现象,如到处粘贴小广告、随意停车、讲脏话等。

(2)学生采访社区居民,了解社区环境。整理社区存在的问题,并做好交流汇报准备。

2.确定服务项目

结合社区存在的问题,确定具体服务项目内容。走进社区进行垃圾清理,进行车辆停放引导,进行文明购物劝导,进行小广告清理。共同为建设文明城市出力。

3.小组任务划分

根据本次进社区活动情况,学生自由组合6人小组,组长进行劳动任务分工,做好活动过程记录,活动结束后做好小结准备。

4.联系社区工作人员

本次活动和学校少先队合作,请少先队辅导员联系益民社区主任,确定进社区时间。

(设计意图:以上几个步骤,主要通过走访、观察,联系社会工作人员,发现社区存在问题,明确服务内容,提高学生发现问题和沟通协同的能力。)

第三阶段:制订活动方案

(1)小组讨论:活动方案由哪些部分组成?

归纳小结:活动方案包括小组成员信息;小组服务内容要求;活动时间、地点、准备;小组成员分工;安全措施准备;可能遇到的困难及解决预案。

(2)各组交流,补充完善方案。

(3)确定活动方案。

"文明社区,我们在行动"小组服务方案

组名		组长		组员	
活动地点		活动时间		指导教师	
人员分工					
服务项目					
安全措施					
困难预设					
解决预案					
活动收获					

第四阶段:开展服务活动

(1)活动工具准备:劳动清理工具,活动记录工具。

(2)活动项目准备:少先队辅导员再次和社区工作人员联系,明确参与社会服务学生人数、服务项目、需要的帮助等。

2.现场指导

指导老师、家长志愿者、社区工作者分别对学生进行现场服务指导。

3.服务小结

及时回收劳动工具,各组汇报人员情况,指导老师带队回校。

第五阶段:汇报活动成果阶段

1.组内交流

组内交流服务收获,组长记录。

2.成果展示

(1)学生展示:文字表达形式、图文结合形式、小视频展示形式等。

(2)教师展示:滚动播放学生服务活动精彩瞬间的照片。

"文明社区,我们在行动"小组成果展评表

组别		指导教师	
社区存在问题(图片)			
社区项目服务效果(图文)			
我们的建议(文)			
我们的收获(图文结合或小视频)			

【活动拓展】

(1)本次活动主要劝导了社区里一些不文明的现象,清理了一些小广告,打扫了社区卫生。今后面对这些城市不文明的现象,你有什么好办法?

(2)制作一份"文明社区,我们在行动"的宣传海报,粘贴在自己的小区,让文明深入人们的心中。

第四节 设计制作活动与实践育人

设计制作指学生运用各种工具、工艺(包括信息技术)进行设计,并动手操作,将自己的创意、方案付诸现实,转化为物品或作品的过程,如动漫制作、编程、陶艺创作等,它注重提高学生的技术意识、工程思维、动手操作能力等。在活动过程中,鼓励学生手脑并用,灵活掌握、融会贯通各类知识和技巧,提高学生的技术操作水平、知识迁移水平,体验工匠精神等。设计制作的关键要素包括:创意设计;选择活动材料或工具;动手制作;交流展示物品或作品;反思与改进。

一、设计制作活动的育人目标

综合实践设计制作活动是一种具有高度综合性、融合知识、技能、情感、态度和价值观的教学方式,其育人目标涵盖了创新能力、团队合作能力、责任感和成就感、兴趣和爱好、自我管理和自我学习能力等多个方面。通过深入研究这些目标,我们可以更好地理解设计制作活动对学生发展的影响,从而为教育教学实践提供有益的参考和指导,为学生未来的学习和成长打下坚实的基础。其主要育人目标包括以下几个方面。

1. 培养学生的创新精神和实践能力

设计制作活动是一种富有挑战性的活动,需要学生充分发挥想象力和创造力,从而培养他们的创新精神和实践能力。在这个过程中,学生可以学习如何独立思考、解决问题、创新设计,从而提高他们的实践能力和创新思维。这一目标的实现,可以从心理学、教育学的角度进行深入研究,如通过实验研究、案例分析等方法,探究设计制作活动对学生创新能力的影响。

2. 培养学生的团队合作精神和社交能力

在设计制作活动中,学生需要与他人合作完成任务,这有助于培养他们的团队合作精神和社交能力。通过与他人合作,学生可以学习如何沟通、协调、合作,从而提高他们的社交能力。这一目标的实现,可以从社会学、管理学等角度进行深入研究,如通过问卷调查、访谈等方法,探究设计制作活动对学生团队合作能力的影响。

3. 培养学生的责任感和成就感

在设计制作活动中,学生需要承担一定的责任,这有助于培养他们的责任感和成就感。通过完成任务,学生可以获得成就感,从而激发他们更加努力地学习和探索。这一目标的实现,可以从心理学的角度进行深入研究,如通过实验研究、案例分析等方法,探究设计制作活动对学生责任感和成就感的影响。

二、设计制作活动的主要类型

综合实践设计制作活动是一种富有创造性和实践性的活动,可以帮助学生提高动手能力、创造力、审美能力和社会意识等各方面的能力。因此,学校应该重视这类活动的开展,为学生提供更多的机会来参与和实践。

1. 手工制作类活动

这类活动主要是让学生通过手工制作来表达自己的想法和创意。例如,可以让学生制作手工艺品、手工卡片、手工装饰品等。这类活动可以培养学生的动手能力和创造力,同时也可以提高学生的审美能力。

2. 模型制作类活动

这类活动主要是让学生通过制作模型来学习科学知识和技术。例如,可以让学生制作机器人、飞机、汽车等模型。这类活动可以提高学生的动手能力和创造力,同时也可以提高学生对科学知识的兴趣和认识。

3. 设计类活动

这类活动主要是让学生通过设计来表达自己的想法和创意。例如,可以让学生设计海报、标志、名片等。这类活动可以培养学生的创造力和设计能力,同时也可以提高学生的审美能力。

三、设计制作活动的基本流程

综合实践设计制作活动是一种富有创意和趣味性的教学活动,旨在通过动手实践,让学生在实践中学习,培养学生的动手能力、创新能力和团队合作精神。下面是综合实践设计制作活动的主要流程。

1. 确定主题

确定一个具有启发性和趣味性的主题,可以来自学生感兴趣的事物,也可以来自社会热点话题。主题应该具有一定的挑战性和可操作性,以便学生能够通过实践来解决问题。

2. 收集材料

根据主题的需要,学生需要收集相关的材料,如纸张、颜料、工具等。在收集材料的过程中,教师可以指导学生如何根据预算来选择材料,以达到最佳效果。

3.设计方案

在收集到足够的材料后,学生需要根据主题的要求,设计出一份完整的方案,包括制作流程、所需材料、工具清单、预期效果等。在设计方案的过程中,教师可以提供一些指导和建议,帮助学生更好地完成设计。

4.动手制作

在设计方案确定后,学生可以开始动手制作。在制作的过程中,教师可以提供必要的支持和指导,如解答疑问、提供工具、指导技巧等。同时,教师也可以鼓励学生之间的交流和合作,以提高团队的协作效率。

5.展示交流

在制作完成后,学生需要将作品进行展示和交流。可以组织一个小型的展览,让学生展示自己的作品,并分享制作过程中的心得体会。在展示交流的过程中,教师可以提供一些评价和建议,帮助学生进一步提高作品的质量和水平。

6.总结反思

在展示交流结束后,学生需要对整个制作过程进行总结和反思。可以让学生撰写一篇小结,记录自己在制作过程中的收获和不足,并思考如何进一步提高自己的动手能力和创新能力。同时,教师也可以提供一些反馈和建议,帮助学生更好地总结和反思。

四、设计制作活动的实施策略

要提高设计制作活动效率,教师应不断探索学生小组合作学习、主动实践和利用教师家长资源提高活动效率的途径,鼓励学生手脑并用,灵活掌握并贯通各类知识和技巧,提高学生探究操作水平和综合实践活动效率,让学生从书本中走向生活,走向社会,走向未来。

(一)善用小组合作,提高设计制作活动效率

小组合作学习是综合实践活动的基本组织形式,是设计制作活动的基

本活动形式,也是学生乐于接受的组织形式,它便于学生间进行交流,有助于学生获得深刻的活动体验,活跃课堂的气氛,掌握和他人沟通的技巧,提高小学生设计制作活动能力,在活动中师生共同享受综合实践活动带来的无穷乐趣。在设计制作活动中提高活动效率的途径主要有以下四种。

1. 落实因材分组

综合实践活动课程的核心就是强调合作探究,教师在组织活动过程中,要创造一种灵活多样的,师生、生生共同合作探究活动环境。因此,善用因材分组是组织开展设计制作活动的关键。在开展综合实践设计制作活动前,教师深入课堂,了解每个学生的心理、性格等方面的特点,成员构建中要充分体现公平、合理的搭配原则。

2. 搭建合作平台

开展综合实践设计制作活动,教师要借助小组合作平台,让学生充分展示个性。但是,没有建立合作规范的小组合作学习,依然是个人唱主角,其他组员附庸,不能发挥小组合作学习效率,调动学生合作积极性。例如,在开展"畅想交通工具"这一活动时,可以播放学生熟悉的交通工具演变和人们密切相关的交通工具图片,激发兴趣。然后,让学生根据自己的意愿进行小组合作,积极为学生搭建交通工具绘画小组、交通工具写作小组、交通工具拼图小组合作平台,让他们在同学之中寻找合作伙伴,进行有效合作、探究,这比教师一味地引导效果会好得多。

3. 合作形式多样

小组合作是开展综合实践活动最基本的组织形式,灵活多样的合作形式是促进综合实践活动设计制作活动的有力保障。为提高活动效率,教师可以提前几分钟到课堂,对学生进行课前合作意向的调查,根据学生的具体情况,对小组合作学习的任务进行合理分配,采用同桌合作、自由组合、四人小组合作、多人小组合作,按选题分组、按性格分组等多种合作形式,保证设计制作活动组内有合作,组员有沟通,组际有交流,切实提高设计制作活动效率。

4. 开放小组评价

综合实践活动课程具有开放性的特点,小组评价也应该具有开放性。

为了使小组成员能紧密地团结在一起,教师先运用小组合作学习评价策略,设计好小组活动评价表,要求组员相互鼓励,相互帮助,形成良好的团结协作关系,采取书面材料评价和口头评价相结合,教师评价与学生的自评、互评相结合,运用QQ、微信等交流工具进行生生之间互动评价,提高设计制作小组合作学习效率。

(二)活用探索实践,提高设计制作活动效率

心理学研究表明:"儿童的思维是从动作开始的,切断了动作与思维之间的联系,思维就得不到发展。"实践是学生活动的源泉。为此,教师开展设计制作活动应设计多样的、适合学生动手实践的活动。在小组中合作交流,学生发现问题,得出解决问题的方法,在探究中生成,在尝试中打开思路,在实践中习得新知、提升能力,从而提高活动效率。

(三)巧用教师培训,提高设计制作活动效率

目前,大多数学校都提高了对综合实践活动课程的重要性认识,综合实践活动课程的任课教师安排也由临近退休教师担任向由中青年教师担任转变,但在具体实施中却存在综合实践课程教师队伍薄弱和教师缺乏开设综合实践活动课程专业素养的问题。学校和教师要立足《纲要》开展设计制作活动,设计活动时要科学、灵活地采取"启发式""探索式"的活动模式,发挥教师在课堂活动中的引导和推进作用,从而提升设计制作活动效率。因此,教师的综合实践活动专业素养显得尤为重要。

(四)借用家长资源,提高设计制作活动效率

设计制作活动课程是动手实践的经验性课程,鼓励学生走向生活,走向社会开展活动,家长拥有丰富的设计和制作类活动资源,挖掘并鼓励家长参与开展学校综合实践活动,能解决教师资源短缺,提供丰富的活动资源和安全保障。因此,积极向家长宣传综合实践活动课程理念,听取家长的意见,建立具备设计制作特长的家长资源库存显得尤为重要。通过家访反映孩子在综合实践活动课程的进步、致家长公开信、调查问卷、集中召开家长会等形式,使家长进一步了解综合实践活动课程的自主性、开放性、综合性、

生成性、实践性。根据学生学段和知识能力特点,利用家长资源库组织开展"包饺子""大蒜的种植""DIY 多肉种植""艺术根雕的制作""粿条的制作""多彩民间剪纸"等活动。

(五)用好知识铺垫,提高设计制作活动效率

在设计制作主题活动的准备阶段,教师要根据学生的学段特点,结合该阶段学生的生活经验和已有的知识水平,进行活动主题的选择。同时给予学生在主题活动中提出问题的机会,引导和鼓励学生提出问题,讨论解决问题的方法,把活动中生成的问题进行分析与整合。教师进行适当的知识补充铺垫,以便于学生确立活动目标内容,支撑设计制作的理论基础。学生在此过程中不仅奠定了知识储备,而且有利于设计制作的实施有的放矢。例如,在《探访梳篦》这一主题活动中,梳篦具有日常使用、装饰头发与活络养身的功能,梳篦的制作有着中华传统独有的特点、制作缜密的工序,同时能够彰显地域文化特点,体现中华儿女的智慧和才干。在教师的带领下学生了解了梳篦的有关知识,从梳篦最初的发展、功能的演变到现如今的演变,进行系统化铺垫,让学生在活动中动手用不同的梳篦梳头,感受梳篦的功能性,分享梳发心得。在设计制作环节同学们针对不同的人群设计新型梳子,顺利进行创意物化,展示自己丰富的想象力和真挚的爱心。

陶行知提出:"处处是创造之地,天天是创造之时,人人是创造之人。"在综合实践活动课堂中,很多时候我们的学生有许多很好的想法和创意,但往往就是缺乏动手的勇气或动力,综合实践活动课程中提出的"创意物化"这一活动目标,很好地解决了光想不做或不知该如何做的这一困境,实现设计制作的创造性作品,为学生搭建创思舞台。

五、设计制作活动案例

活动案例一:"字"从遇见你——"福"

【活动背景】

习近平总书记在党的二十大报告中强调,"以社会主义核心价值观为引

领,发展社会主义先进文化,弘扬革命文化,传承中华优秀传统文化,满足人民日益增长的精神文化需求"。开展中华传统文化教育,传承发展中华优秀传统文化,引导学生了解中华优秀传统文化的历史渊源、发展脉络、精神内涵,增强文化自觉和文化自信是现代社会教育的重要任务。随着社会经济的快速发展,人们缺乏对中华优秀传统文化的了解,也不能深刻理解其背后的内涵,比如说为什么要贴福字,福字的含义是什么,怎么贴福字,大多数人都不怎么清楚。

【学情分析】

四年级的学生对生活中的事物有所感知,他们能观察到过年会贴"福"字习俗,但是不知道"福"字背后深刻的内涵,尤其不知道要如何做到知福惜福,生活中也存在很多浪费、不知足、不感恩的现象。

【活动目标】

(1)通过视频欣赏、小组活动等环节,了解贴"福"字的来历,能解读"福"字背后所隐含的深刻含义。

(2)通过感受幸福、绘制创意福的过程,提高学生的动手能力,激发学生的想象力,培育创思精神。

(3)通过送祝福、分享幸福,激发学生知福、惜福、懂感恩的情感,以小及大,变成能为别人创造幸福的人。

【活动准备】

教师准备:红色纸若干、黑色马克笔30支、金色马克笔12支、课件。
学生准备:学生分成6组,备好铅笔、笔擦、黑色马克笔。

【活动过程】

1.晓福知,初遇福
(1)汉字知多少:猜猜中国老百姓最喜欢哪个字?
(2)福字知多少:你在哪些地方见过"福"字?你对"福"了解多少?
(3)播放小视频:《"字"从遇见你——福》

2.知福史,懂福义

(1)引导学生提问:对于福字你有什么疑问?

(2)从"福"字的来历、贴"福"等方面让学生了解小小的"福"字也暗藏门道文化背景。

揭示课题:"字"从遇见你——福

3.赏福味,创绘福

(1)出示图片:理解"天下第一福"的含义,学生体会不同的人在不同的环境下会对福有不同的理解和期待。

(2)说幸福:说说你对福的理解和你感到幸福的瞬间。(图片展示现代人在福字的基础上进行有趣新奇的创意,玩出福味。用创意"福"字引出每个人对幸福的体悟。

(3)探秘福:这一系列福图片的创意体现在哪里?

(4)创意构成:"福"字从含福字,巧构思,变笔画,凝祝福绘制而成。

(5)活动任务:了解"福"的创意后,你们能设计一个创意"福"吗?融入自己想表达的情感(想送给谁,其中的含义等)。

(设计意图:按前面所学最想画的"福"。通过各种创意"福"字的环节,在拓展含义的基础上,引导学生结合身边的元素对福字进行再创造,提高学生的创新意识,发展思维。)

4.享福意,送祝福

(1)汇报展示:邀请5个学生上台说福意,送祝福。

(2)展示作品:把学生创意绘制的"福"贴在黑板上,供学生欣赏评价。

5.总结福,拓展福

(1)小结:福创意可以从几个方面构思?你在生活中还遇到哪些有创意的生活用品?

(2)体悟:福每天都与我们相伴,我们要学会感知福,珍惜福,传递福。

【活动反思】

活动中发现学生对本课程的知识铺垫环节产生极大的兴趣,对于"福"字的起源来历,字形演变的过程以及欣赏充满个性的"创意福"时都能积极地畅所欲言,讲述自己的所闻所知。当进入关于拓展自己的思维,创作属于自己的"创意福"时,不同年龄段的孩子呈现出较大的区别。

低年级学生创意设计思维特点:在创意构思过程中思维活跃,参与积极性较高,画面呈现出来的较为灵动有趣。有的孩子用金元宝、蝴蝶结、小鱼、萝卜、书本、笔等绘画元素进行组合变形,创意组合成生动有趣的"福"字,有"喵喵福""熊猫福""金宝福"等。

中年级学生创意设计思维特点:当中年级学生进入创意环节时,思维有些受限,有的冥思苦想,有的和同桌细声讨论,有的边创作边修改。整体上学生参与度与积极性较高,最后进行汇报展示时,有部分作品可圈可点,画风与元素不像低年级学生那样活泼灵动,他们明显往"福"的寓意上靠拢。

高年级学生创意设计思维特点:他们的思维力受限于老师的知识铺垫,只想进行模仿改动,没有自己特定的有趣的想法。课程结束前才有几个学生完成了作品,但是作品质量较高,既美观又有含义,和本课程的教学目标最为契合。

通过低中高年级活动对比,发现高年级的学生思维力、想象力不如低段学生灵动有趣。主要原因如下:

1.缺乏实践机会

学生可能缺乏实际操作和实践的机会,学用结合、学做结合的机会和平台搭建不够,导致他们无法将理论知识应用到生活实际中,限制了创新能力的发展。

2.教师教学理念陈旧

教师的传统学科教学理念,更注重本学科知识体系的学习,以课堂为中心,以知识为中心,没有跨学科主题学习意识,对创新能力、动手实践等综合能力的培育重视不够。

3.学生思维受限

学生可能受到传统课堂学习中心思维模式和学科观念的影响,难以突破固有思维,在一定程度上限制了创新能力的发挥。

4.缺乏多元刺激

学生的生活和学习环境可能相对单一,缺乏多元的刺激和体验,影响了创新能力的发展。

5.家庭和社会环境

家庭和社会环境对学生的创新能力也有影响。如果家庭和社会缺乏创新氛围,可能会对学生的创新能力产生负面影响。

要提高学生的创新能力,需要学校、家庭和社会共同努力,提供更多的实践机会、鼓励创新思维、培养学生的自信和勇气,营造有利于创新能力发展的良好课堂教学氛围和育人环境。

活动案例二:巧手智生活

【活动背景】

随着人们生活水平的提高,健康优雅的生活环境成为越来越多人们的追求。学生是未来的主宰者,也是美好生活的创造者和享受者。开展"智养护慧生活"综合实践活动,让学生动手体验人工智能时代花草的智能养护,美化生活,提高动手动脑能力。它是物联网技术应用于生活,服务于生活的一个实例,也是物联网技术发展的必然趋势。智能花草养护、智慧生活贴近学生实际。

【学情分析】

四年级学生具备基本的信息查询能力和动手操作能力,本次活动紧密联系学生生活,通过留心观察家庭、教室的花草绿植养护情况,发现养花深受大家喜爱,但养好花卉并不容易。活动中让学生通过花草自动浇水装置体验感受智能养护,了解更多人工智能改变人们生活科学技术,激发热爱学习、热爱生活的情感,感悟工匠精神。

【活动目标】

(1)通过活动,初步了解智能花草养护系统的基本组成和工作原理。

(2)通过活动,提高小组合作、动手能力,切身感受人工智能给生活带来的便捷。

(3)通过活动,激发学生的科学探索兴趣和创新精神,感悟劳动智慧和大国工匠精神。

【活动重点】

初步了解花卉智能养护系统的基本工作原理,由此激发创新思维,感受科技的力量、人类的智慧,感悟劳动创造幸福、科技改变生活。

【活动过程】

一、创设情境,初步感知花卉智能

1.视频导入:鲜花养护

(1)引导学生谈一谈自己的感受。

(2)每逢春节,家家户户都在添置鲜花,你准备添置哪些花卉?

(3)同学间交流。

2.板书课题:智养护 慧生活

(设计意图:从学生身边的家庭花卉养护和春节购置花卉引入,与学生产生共鸣。)

二、互动体验,初探花卉智能养护

1.出示图片

家里、学校班级的花卉枯萎、黄叶、烂根等图片。

2.引导交流

近年来,随着人们生活水平的提高,鲜花绿植深受人们的喜爱。但大多数人都是养护花草的新手,有许多困惑。

3.求助电话

永安市巴溪湾小学四(7)班绿化角养护小组电话求助来了:绿植发黄、枯萎了,怎么办?

4.小组讨论

出现花卉没有生机、黄叶等情况,可能是哪些原因?

5.归纳小结

(设计意图:激发学生探究绿植养护兴趣,制造花卉养护过程中浇水如何适量难把握的矛盾冲突,为下面让学生感知科技改变生活做好铺垫。)

三、亲自体验,再探花卉智能养护

1.小组讨论

花卉养护的基本思路和解决办法。

2.小组汇报

设计思路,引出花卉智能养护系统的基本组成构件。

3. 实践体验

体验花草自动浇水。

(设计意图:学生必然没有接触过完整的智能花卉养护系统,智能花卉养护概念抽象,学生不易理解,把自动浇水装置作为学生感受智能养护系统的支架,初步了解智能花卉养护系统的建构。)

四、未来体验,感受巧手智慧生活

1. 播放视频:广州城市智能花卉养护绿墙

2. 体验大国智慧:"智慧大棚""互联网+农业""智慧养老平台""智能家居""无人驾驶"等。

(设计意图:通过一段视频让学生了解了其应用,让学生对科技改变未来、劳动创造智慧的认识不仅仅停留在概念层面,而是深入了解,领悟大国工匠精神。)

五、任务驱动,拓展延伸

任务一:生活中还有哪些运用智慧创造幸福、科技改变生活的案例?

任务二:同学们能用今天解决问题的创意思路,帮老师这一串钥匙"瘦身"吗? 说说你的问题解决思路。

(设计意图:学生全面感受科技和劳动智慧的力量,进一步延伸到课后,让学生利用"发现问题、解决问题、智能化"的方法帮助一串钥匙"瘦身",学以致用,切身感受智能时代已悄然进入我们的生活。)

【活动反思】

本次活动紧密联系学生生活,学生兴趣高。通过留心观察家庭、教室的花草绿植养护情况,发现养花深受大家喜爱,但养好花卉并不容易。活动从班级、家庭绿植养护遇到浇水、施肥、病虫害等难题切入,设置本校学生班级绿化角绿植养护求助情境,学生纷纷提出解决绿植养护解决方案,在动手组装自动浇水装置的过程中体验解决问题的乐趣,能运用所学知识主动发现问题、尝试解决问题。

活动设计从日常花草养护中构建项目情境,以任务贯穿整个活动过程。任务一:聊养花,发现养花好;任务二:我来帮,发现养花难(利用学生的好奇心和求知欲,以学生身边感应路灯、感应水龙头、远程控制为思维触发点,引导学生尝试运用物联网、互联网解决生活问题);任务三:我尝试,发现我能行(学生通过亲自组装自动浇花器模型以验证自己猜想思路是可行的);任务四:我体验,感受智能化(智能养花、智能渔业、智能家居、智能军事,智能无处不在);任务五:我挑战,感悟创新力(运用活动学到解决问题的思路和方法,帮助教师)。

【活动创新】

(1)变革育人方式,凸显实践:活动中,学生勤于思考,始终保持好奇心与求知欲,教师注重引导学生"用中学""做中学""创中学""学中创"。

(2)聚焦核心素养,注重创新:引导学生在生活情境中学会发现问题、解决问题、挑战创新的思路和方法。

第五节 职业体验活动与实践育人

职业体验指学生在实际工作岗位上或模拟情境中见习、实习,体认职业角色的过程,如军训、学工、学农等,它注重让学生获得对职业生活的真切理解,发现自己的专长,培养职业兴趣,形成正确的劳动观念和人生志向,提升生涯规划能力。职业体验的关键要素包括:选择或设计职业情境;实际岗位演练;总结、反思和交流经历过程;概括提炼经验,投入应用。

一、职业体验活动的育人目标

职业体验活动是小学综合实践活动的重要组成部分,旨在通过实践活动,让学生在亲身体验职业角色的过程中,了解社会各个行业的特点和需求,提高自身的综合素质和能力,培养良好的职业素养和责任感。在小学综合实践活动中,职业体验活动的育人目标主要有三个方面。

1.通过职业体验活动,培育学生的实践能力和创新能力

在实践活动中,学生可以亲身体验各种职业角色,深入了解各个行业的特点和需求,从而提高自身的实践能力和创新能力。例如,在职业体验活动中,学生可以参观工厂、商店、医院等场所,了解各种职业的工作内容和职责,从而提高自身的实践能力。同时,在实践活动中,学生还可以发现和解决问题,培养自己的创新能力。

2.通过职业体验活动,培育学生的责任感和团队合作精神

在实践活动中,学生可以亲身体验各种职业角色的责任和义务,从而培养自己的责任感和团队合作精神。

3.通过职业体验活动,培育学生的职业素养和就业竞争力

在实践活动中,学生可以了解各个行业的职业素养要求,从小有自己的职业梦想和目标,制定初步职业规划,从而提高自身的职业素养,提升未来就业竞争力。

二、职业体验活动的主要类型

小学综合实践活动是一种旨在全面提升小学生综合素质的教育活动,其中职业体验活动是其重要组成部分。职业体验活动是一种以实践为主的教育方式,旨在通过让学生亲身参与各种职业活动,了解职业特点和要求,培养他们的职业意识和职业兴趣,为他们的未来职业生涯做好准备。

在实际操作中,职业体验活动可以分为多种类型,包括模拟职业体验、实地职业体验、职业访谈、职业设计和职业调查等。这些活动不仅可以让学生了解不同职业的特点和要求,还可以帮助他们培养职业意识和职业兴趣,从而为他们未来的职业生涯做好准备。

1.模拟职业体验

模拟职业体验是一种通过模拟真实工作环境来让学生了解职业特点和要求的教育方式。这种教育方式可以帮助学生了解不同职业的工作内容和要求,培养他们的职业意识和职业兴趣。例如,学生可以模拟医生、警察、教师、厨师等职业,进行角色扮演,了解不同职业的工作内容和要求。

2.实地职业体验

实地职业体验是一种将学生带到真实工作环境中,让他们亲身体验各种职业的教育方式。这种教育方式可以帮助学生了解不同职业的工作内容和要求,培养他们的职业意识和职业兴趣。例如,学生可以到工厂、农场、医院、学校等地,参观不同职业的工作现场,了解不同职业的工作内容和要求。

3.职业访谈

职业访谈是一种通过与职业人士进行交流来了解不同职业的特点和要

求的教育方式。这种教育方式可以帮助学生了解不同职业的工作内容和要求,培养他们的职业意识和职业兴趣。例如,学生可以到不同职业的工作现场,与职业人士进行交流,了解不同职业的工作内容和要求,培养职业意识和职业兴趣。

4. 职业设计

职业设计是一种通过设计不同职业的场景和内容来了解不同职业的特点和要求的教育方式。这种教育方式可以帮助学生了解不同职业的工作内容和要求,培养他们的职业意识和职业兴趣。例如,学生可以设计医生、警察、教师、厨师等职业的场景和内容,了解不同职业的工作内容和要求,培养职业意识和职业兴趣。

5. 职业调查

职业调查是一种通过调查不同职业的特点和要求来了解不同职业的教育方式。这种教育方式可以帮助学生了解不同职业的工作内容和要求,培养他们的职业意识和职业兴趣。例如,学生可以调查教师、菜农、公交车司机等职业的特点和要求,了解不同职业的工作内容和要求,培养职业意识和职业兴趣。

三、职业体验活动的基本流程

职业体验活动的育人价值是多方面的,包括提升学生的职业素养、培养他们的创新思维和实践能力,以及帮助他们更好地理解社会和自我。为了实现这些目标,小学综合实践活动职业体验活动应遵循一定的流程。

1. 师生共同确定活动主题和目标

这一步骤的重要性在于,它可以帮助学生明确活动的方向,激发他们的兴趣和创造力。例如,主题可以是"未来职业体验",目标可以是"让学生了解不同职业的特点和需求,增强职业意识和职业素养"。这样的主题和目标既与学生的兴趣和需求相关,又能激发他们的积极性和创造力。

2. 师生共同制订活动计划和时间表

活动计划应包括活动内容、流程、时间分配、人员分工等。时间表应明确每个环节的开始和结束时间,并留出足够的时间进行反馈和调整。例如,活动计划可以包括以下内容:活动主题和目标、活动流程和步骤、时间分配和人员分工、活动准备和场地布置、活动实施和过程管理、活动反馈和总结。这样的活动计划可以帮助教师确保活动的顺利进行,同时也可以让学生对活动有一个清晰的了解。

3. 开展活动

活动应按照计划进行,教师需要密切关注学生的进展和情况,及时进行调整和指导。例如,在开展"未来职业体验"活动时,教师可以组织学生参观职业展览、进行职业咨询、模拟职业面试等。这些活动可以帮助学生了解不同职业的特点和需求,增强职业意识和职业素养。

4. 组织学生进行反馈和总结

反馈可以包括学生的意见和建议,总结可以包括活动的优点和不足之处。教师可以通过反馈和总结来了解学生的需求和反馈,进一步改进和提高活动质量。例如,教师可以组织学生进行小组讨论,让学生分享自己的职业体验和感受,然后进行总结和反馈。这样的反馈和总结过程可以帮助教师了解学生的需求,从而提高活动的质量。

四、职业体验活动的指导策略

提高小学综合实践职业体验活动效率的策略有很多,需要教师从多个方面进行策略探索和实践。只有这样,我们才能让职业体验活动真正发挥育人的价值,为学生提供更好的学习和发展机会。教师需要根据学生的实际情况,制订合理的活动计划和目标,创设多样化的活动形式,注重活动的实效性,加强活动的组织和指导,提高学生的参与度和学习效果。只有这样,我们才能更好地开展职业体验活动,提高学生的职业素养和社会责任感。

1. 制订活动计划和目标

教师在制订计划和目标时,首先,需充分考虑学生的兴趣和特长,确保活动计划和目标既能激发学生的参与热情,又能让他们在实践中获得成就感。其次,教师还应在计划中明确活动的具体流程和时间安排,以便学生能够更好地进行职业体验。再次,创设多样化的活动形式。在职业体验活动中,教师应创设多样化的活动形式,让学生能够在不同的情境中体验不同的职业。例如,教师可以组织学生参观工厂、博物馆等,让他们亲身体验不同职业的工作环境和工作内容。最后,教师还可以通过角色扮演、小组讨论等形式,让学生在实践中学习,提高他们的职业素养。

2.注重活动的实效性

在职业体验活动中,教师应注重活动的实效性,让学生能够在实践中获得真正的收获。例如,教师可以组织学生参观企业,让他们了解不同职业的工作内容和要求,激发他们对职业的兴趣。此外,教师还可以组织学生参加社会公益活动,让他们在实践中培养社会责任感和团队合作精神。

3.加强活动组织指导

为了提高职业体验活动的效率,教师需要加强活动的组织和指导。在组织活动时,教师应该充分考虑学生的实际情况,确保活动内容能够满足学生的需求。在指导学生时,教师应该给予他们充分的鼓励和支持,帮助他们克服困难,提高自信心。

4.提高学习效果

为了提高职业体验活动的效率,教师还需要注重学生的参与度和学习效果。在开展活动时,教师应该充分调动学生的积极性和主动性,让他们能够全身心地投入实践活动。

5.及时收集反馈意见

教师应充分了解学生的需求和问题,以便更好地指导他们。在评价学生的学习效果时,教师应该注重过程性评价,鼓励学生积极参与,提高他们的学习效果。

五、职业体验活动案例

活动案例:我是志愿者

【活动背景】

随着社会不断发展,探索一种结合职业体验和综合实践的活动形式,通过实地参观或真实场景模拟等方式让学生亲身感受职业工作环境,在不同角色身份下感悟、思考和解决问题,对于学生未来职业生涯发展及个人成长均具有积极意义。

【活动目标】

(1)通过活动,走进志愿者,了解志愿者的概念和义务,加深对志愿服务工作的认识和理解。

(2)通过角色扮演,在体验中提升学生的合作意识和团队协作能力,提高思考能力、解决问题能力、沟通能力,产生服务意识。

(3)通过感受与理解志愿工作的不易,感悟志愿者的奉献精神,自觉在志愿服务中奉献爱、传递爱。

【活动重难点】

模拟场景体验志愿服务,学做志愿者;在体验中树立服务意识,感悟奉献精神。

【活动准备】

教师准备:志愿服务的衣服、帽子、提示牌等道具。

学生准备:课前调查单。

【活动过程】

一、创设情境,导入新课

1. 出示志愿者图片

奥运会青年大学生志愿者、抗洪救灾志愿者、创建文明城市志愿者、学校举办活动志愿者等。(设计意图:多种志愿服务场景的呈现,让学生知道志愿服务无处不在。)

2. 认识志愿者标识

心手标,揭示青年志愿者的服务理念;向需要帮助的人们奉献一份爱心,伸出友爱之手。

二、探讨交流,厘清特征

1. 学生交流

日常生活中,你在哪里见过志愿者?他们在做什么?

2.厘清特征

志愿者有哪些共同的特征?(设计意图:回忆生活中见过的志愿服务场面,渗透志愿服务工作的精神。志愿者是个特定角色,在此设问要贴近学生的学习生活世界,避免脱离实际,才能够深刻感受到志愿服务工作不易。)

三、自主探究,发现方法

1.创设情境

恰逢最近永安市在创建新一届文明城市,街道上涌现了大批的志愿者,出示校园周边志愿服务图片。针对不同的志愿服务场景,例如随意停放电动车、上公交车不排队、电动车安装遮阳伞等生活中学生每天都能接触到的真实场景,志愿者在劝阻时会遇到哪些困难?

2.方法指导

(1)以"志愿者劝阻拆除电动车安装的遮阳伞"场景为例,通过课前调查,学生交流志愿者服务沟通时遇到的问题,以及如何解决,从沟通双方入手,换位思考。(在此要发挥课前预学单的作用,一些同学可能是第一次接触到这个角色,会感觉比较陌生。课前教师安排学生分组调查不同志愿服务的场景,通过上网看相关视频、实地观察、向长辈请教等方法,对这个职业及其服务方法有一定的了解。)

(2)总结志愿服务:文明有礼、真诚讲理。

(设计意图:小学生平时能够接触到志愿服务工作的机会比较少,因此教师引导他们从志愿服务的行为上、语言上、沟通上思考如何志愿服务,进行志愿服务方法的知识铺垫,为角色扮演做准备。同时,渗透换位思考的服务理念,避免出现为达到服务结果而造成的过程冲突,培养学生倾听与文明表达的能力。)

四、角色转换,感受体验

1.角色扮演

教师为"给电动车安装遮阳伞的公民",学生为志愿者。教师通过主动创造一些问题,模拟真实的生活场景,引导学生有针对性地劝阻。

2.角色转换

教师当志愿者,一名学生作为被劝阻方。

(设计意图:教师在示范时,有意引导学生倾听志愿者沟通的语言表达方式、语言沟通技巧,强调沟通时要注意文明有礼和真诚。)

五、小组合作,角色扮演

首先进行小组讨论:在不同场景下如何开展志愿服务?预设该场景会发生的困难与解决方式,确定角色扮演人员,完成如下学习单。之后进行职业体验情景模拟。

我是志愿者——角色扮演学习单			
组别		组员	
场景描述	中午放学时段,校门口公交站点有许多燕江小学和永安市第三中学的学生,有的学生自觉排队上车,有的学生插队挤上车。作为一名红领巾路队志愿者,你会怎样进行劝阻并维持上车秩序?		
志愿者			
插队学生1			
插队学生2			
自觉排队学生1			
自觉排队学生2			
自觉排队学生3			
自觉排队学生4			
角色扮演遇到什么问题?			
小组中哪个角色扮演得最好?请说明理由			

六、升华情感,活动拓展

1. 交流收获

本次职业体验活动,你的收获是什么?

2. 任务拓展

课后你来当老师,改作业,上课,管理班级事务。

【活动反思】

本次的职业体验活动大多数学生都能认识到志愿服务工作的不容

易,并且表示之后也想要成为一名志愿者,发扬"奉献、友爱、互助、进步"的志愿服务精神,收获的不仅是一份职业体验,更是一种成长。

第六节　研学旅行活动与实践育人

研学旅行是一种融合学术研究、实践探索和旅游体验于一体的综合性教育实践活动。这种活动起源于欧洲,随后在全球范围内得到了广泛的传播和认可,我国许多地区都在尝试把研学旅行作为推进素质教育的一个重要内容来开展。

2016 年 12 月发布的《教育部等 11 部门关于推进中小学生研学旅行的意见》(教基一〔2016〕8 号)指出:"中小学生研学旅行是由教育部门和学校有计划地组织安排,通过集体旅行、集中食宿方式开展的研究性学习和旅行体验相结合的校外教育活动,是学校教育和校外教育衔接的创新形式,是教育教学的重要内容,是综合实践育人的有效途径。"

一、研学旅行活动的育人目标

当前,研学旅行已经纳入我国中小学教育教学计划,这对传统教学和现有实践教育产生了巨大影响。中国自古就有游学之风,加上近年来在国家大力支持和社会积极参与背景下,研学旅行得到大力推广,开展形式得到多样化发展,研学资源和安全保障逐步完善。小学开展研学旅行是综合实践育人的有效途径,小学研学旅行活动方案计划拟定、主题确定、地点选择、人员安排、安全保障、研学总结各个方面都必须紧紧围绕"育人"这一核心目标展开,确保研学旅行实践育人目标落实,实践育人能力提升,实践育人方法创新,实践育人效果明显。

研学旅行活动的育人目标是帮助学生全面、协调、可持续发展,培养学生的德智体美劳全面发展的素质。通过研学旅行活动,学生可以更好地了解社会、了解自然、了解人类文明,从而增强自己的社会责任感和使命感,提高自己的综合素质和能力,实现德智体美劳全面发展的教育目标。

1.德育目标

研学旅行活动可以帮助学生树立正确的世界观、人生观、价值观,培养学生的爱国主义情感和社会责任感。通过参与研学旅行活动,学生可以更好地了解社会、了解自然、了解人类文明,从而增强自己的社会责任感和使命感。研学旅行活动有助于加强学生与社会的联系传承和弘扬中华优秀传统文化,增强学生的环保意识和生态意识,让学生亲身感受自然环境的变迁和生态问题的严重性,从而提高他们的环保意识和行动力。

小学研学旅行实践育人正是将学校、家庭、社会三者相结合的创新德育形式,必须坚持育人为本、德育为先的理念,落实和保障研学旅行实践育人目标。首先,研学旅行为道德规范教育提供实践基础,在研学旅行的实践中注重加入文明乘车、文明旅行、文明排队、尊老爱幼等方面的道德规范教育,帮助小学生在社会活动中体会社会公德的具体内容,感受祖国大好河山的美好,同时为个人品德养成提供帮助。其次,要将普法教育融入研学旅行实践中,在研学实践中学会遵纪守法。最后,在研学旅行中融入学生心理健康教育,让学生能够正确认识自己、学会尊重同伴,能够积极主动地与同学、老师、家长、导游进行沟通交流,正确处理好人际关系,学会互帮互助,学会尊重和感恩他人。

2. 智育目标

研学旅行活动可以帮助学生提高综合素质,增强创新精神和实践能力。小学生走出课堂,走出学校,通过实地考察、动手实践、交流讨论等方式,学生可以更好地把课堂中学习到的知识,在研学实践活动中学用结合,培养自己的思维能力和创造力。"生活即教育",生活是丰富的教育资源,也是学生学习的重要场所,通过研学旅行践行知行合一,读万卷书和行万里路紧密结合,拓宽学生的知识面、见识面,让研学旅行成为行走的课堂和最美的风景。

3. 体育目标

研学旅行活动可以帮助学生提高身体素质,增强健康意识。通过户外运动、探险活动等方式,学生可以锻炼身体、增强体质,培养自己的健康意识和运动习惯。在研学旅行开展过程中要注重培养学生的健康理念,增强体质,健全人格,锤炼意志,落实体育目标。激发学生的体育兴趣、培养良好的体育锻炼习惯,缓解学业压力,劳逸结合。研学旅行过程中注重培育学生吃苦耐劳、不怕困难、不怕失败、坚持不懈的体育精神品质。

4. 美育目标

研学旅行活动可以帮助学生提高审美能力,培养自己的艺术素养。通过参观艺术作品、体验文化表演等方式,学生可以欣赏美、创造美、感受美,培养自己的艺术素养和审美能力。

2020 年,中共中央办公厅、国务院办公厅印发《关于全面加强和改进新时代学校美育工作的意见》中指出,新时代开展美育工作要以习近平新时代中国特色社会主义思想为指导,以社会主义核心价值观为引领,做到以美育人、以美化人、以美润人。因此,学校美育和研学旅行的设计要与实践育人的目标相吻合,要让学生在研学旅行活动中时时、处处感受和体验秩序美、科学美、文学美、艺术美、逻辑美、心灵美,提升欣赏美、感受美、创造美的能力。

5. 劳动目标

研学旅行活动可以帮助学生培养劳动意识和劳动技能。通过参与实际劳动、服务社会等方式,学生可以培养自己的责任感和团队协作能力,提高自己的劳动技能和劳动素养。

二、研学旅行活动的基本流程

研学旅行活动是一种新型的教育方式,能够让学生在实践中学习,提高学生的实践能力和综合素质。在组织研学旅行活动时,需要充分考虑活动的主题、地点、内容、人员等因素,制订一份详细的活动计划,确保活动的顺利进行。下面是小学阶段开展研学旅行活动的基本流程。

1. 制订活动计划

小学阶段开展研学旅行活动,教师需要在活动开始前,指导学生制订一份详细的活动计划,包括活动的主题、目的、时间、地点、参与人员、内容、预算、风险评估等。计划应该明确、具体、可行,以便指导整个活动的顺利进行。

2. 确定活动主题

教师确定小学研学旅行活动主题前,要充分了解学生的年龄特点和兴趣爱好,充分考虑活动主题与课程内容、学生的兴趣和实际需求相结合,能够引起学生的兴趣和参与热情。例如,如果课程是关于环境保护的,可以组织学生参观当地的环保设施、参与环保活动等。

3. 选择活动地点

活动地点应该具有代表性、教育意义和安全性。例如,可以选择当地的自然景观、历史遗迹、文化景点等,以便学生深入了解当地的文化、历史、自然等方面。

4. 安排活动内容

活动内容应该与活动主题、地点和参与人员相适应,能够让学生在实践中学习到新的知识和技能。例如,可以组织学生进行实地考察、参观博物馆、进行实验、进行小组讨论等。

5. 安排活动人员

活动人员包括教师、学生、家长、志愿者等。教师负责组织、指导和监督活动,学生积极参与活动,家长和志愿者提供支持和帮助。

6. 组织活动

在活动开始前,需要进行充分的准备工作,包括场地布置、物资准备、人员安排等。活动过程中,需要密切关注学生的安全、参与度和学习效果,及时调整活动内容和方式。

7. 总结反馈

活动结束后,需要对活动进行总结和反馈,包括活动的成果、存在的问题和不足、学生的反馈和建议等。总结和反馈应该客观、具体、全面,以便为下一轮活动提供参考和借鉴。

三、研学旅行活动的基本类型

研学旅行活动是一种以学习为目的的旅行活动,旨在通过实地考察、实践操作、互动交流等方式,让学生走出课堂,深入社会,增强实践能力和综合素质。研学旅行活动的基本类型包括历史文化类、自然景观类、科技产业类、社会服务类、艺术体验类、综合实践类等,这些活动类型涵盖了中国的历史、文化、科技、社会、艺术等各个方面,旨在让学生全面、深入地了解中国,增强学生的综合素质和实践能力。

1. 历史文化类

历史文化类研学旅行活动主要围绕中国悠久的历史文化展开,包括古代城市遗址、宫殿、陵墓、古代建筑等。通过实地考察、参观、讲座等形式,让学生深入了解中国历史文化的演变、发展和成就,增强文化自信心和民族自豪感。

2. 自然景观类

自然景观类研学旅行活动主要围绕自然景观展开,包括山水风光、自然保护区、动植物资源等。通过实地考察、户外活动、实地操作等形式,让学生深入了解自然景观的美丽、壮观和神秘,增强环保意识和生态意识。

3. 科技产业类

科技产业类研学旅行活动主要围绕现代科技产业展开,包括科技园区、高新技术企业、科技创新中心等。通过实地考察、参观、讲座等形式,让学生深入了解现代科技产业的现状、发展和趋势,增强科技创新意识和创业精神。

4. 社会服务类

社会服务类研学旅行活动主要围绕社会公益、志愿服务、社区建设等展开。通过实地考察、志愿者服务、社区建设等形式,让学生深入了解社会服务的重要性和意义,增强社会责任感。

5. 艺术体验类

艺术体验类研学旅行活动主要围绕音乐、舞蹈、戏剧、绘画等艺术形式展开。通过实地考察、参观、讲座等形式,让学生深入了解艺术形式的魅力和意义,增强艺术欣赏能力和创造力。

6. 综合实践类

综合实践类研学旅行活动综合了上述各种类型,旨在通过综合实践活动,让学生深入了解各种知识、技能和能力,增强综合素质和实践能力。

四、研学旅行活动的实施策略

研学旅行是一种以学习为主要目的的旅行活动,旨在通过实地考察、实践操作等方式,帮助学生更好地理解和掌握所学知识。然而,在实际开展研学旅行活动时,往往会出现时间不够用、活动效果不佳等问题。因此,如何提高研学旅行活动的效率,成为每所学校、教育机构都需要认真思考和解决的问题。

教育部 2017 年印发的《中小学综合实践活动课程指导纲要》明确指出："综合实践活动课程是基础教育课程体系的重要组成部分，要充分发挥中小学综合实践活动课程在立德树人中的重要作用。"综合实践活动课程一度被称为新课程改革的亮点课程，研学旅行是综合实践活动课程亮点中的亮点。事实上，从研学旅行兴起至今，各类关于研学旅行实施的研究策略层出不穷，但大多站在广义层面而言，很少结合具体的地域情况进行分析，导致相关人员在就本地资源开展研学旅行活动时缺乏实施向导，手忙脚乱。以下以福建省永安市小学研学旅行为例，探讨研学旅行实践育人的本土化实施策略。

（一）地方"淘宝"，开发本土研学实践育人资源

各地区都有许多可用于研学旅行的活动资源。学校可以结合小学生年龄特点、学情特点，从学生感兴趣的研学问题出发，挖掘当地研学旅行课程资源。这些具有浓郁乡土气息的活动资源，包括当地的红色研学资源、风景名胜研学资源、物质文化遗产研学资源等，都是实施研学旅行的沃土。

1. 红色研学实践育人课程资源

永安已在洪田镇马洪村建立中央红军标语博物馆，用标语唤醒群众的"红色记忆"，是承载革命优良传统的生动教材。该馆有中国工农红军少共国际师旧址"逢源堂"和红军医院旧址，还有近 200 条红军标语、漫画和口号等。又如永安市吉山村曾是抗战文化历史之东南抗战文化中心，保留有当时省政府民政厅、建设厅等重要机关，古代书院"萃园"抗战文化遗址。走进吉山村，就仿佛走进那段中华人民为国抗战的红色历史。此外，永安小陶镇吴地村是福建省革命老根据地的第一批村庄，是省党史学习教育基地。学校和教师可以从保护红色文化资源、挖掘红色文化内涵等方面设计开发丰富的本土研学实践育人课程。

2. 风景名胜研学实践育人课程资源

永安市桃源洞为国家 AAAA 级旅游景区，其中"一线天"可以称为全国之首，距离市区仅 10 公里。还有永安大湖石林、小陶镇的甘乳岩地下溶洞等丰富的风景名胜资源可供课程资源开发。

3. 物质文化遗产实践育人课程资源

永安市上坪乡的龙角舞，用永安方言创作，最初作为道场的一种表演形

式在民间流传,多半是以祈求生活安康、五谷丰登、天下太平、四乡八邻和睦共处为主要内容,步行走法有一整套严密且独特的动作套路。又如,永安大腔傀儡戏为福建省非物质文化遗产。永安市青水乡大腔傀儡戏是福建省民间傀儡戏原始形态保存最完整的剧种之一。基于这些物质文化遗产也可以组织开展丰富多样的研学旅行活动。

(二)问题驱动,制定本土研学目标

陶行知先生说过:"发明千千万,起点是一问。"各地方研学资源富有特色,与学生生活融为一体,学生留心生活,想要研学的问题就会随之而生,而确定研学育人的目标是做好其他研学工作的基础。小学生逻辑思维发展还不够完善,研学旅行活动目标的制定不要太高,不用求面面俱到。如开展本土气息浓郁且极具爱国主义教育意义的永安市吉山抗战文化基地研学旅行活动时,教师首先引导学生收集基地资料:2015 年 8 月 24 日,国务院公布的第二批 100 处国家级抗日战争纪念设施、遗址名录,包括 26 个省、市、自治区的多处遗址,其中福建省唯一一处被列入名录的,即位于福建省永安市的永安抗战旧址群。永安也是全国著名的抗战文化名城,与抗战时期的陪都重庆、西南边陲的桂林齐名,是福建抗战中的"第二战场"。福建省政府办公厅、财政厅、教育厅、文教部门、司法系统、金融机构、企事业单位也相继迁往永安。接着组织学生梳理研学主题:①吉山主要有哪些抗战遗迹? ②这些抗战遗迹在抗战时期发挥了哪些重要的作用?

(三)综合考虑,做足本土研学功课

1. 安全先行,铺垫研学旅行基础

安全是学校各项工作的生命线。组织学生走出校门开展研学旅行活动,平安旅行,平安归来显得至关重要,可以从以下几个方面着手。

(1)制订安全保障方案。学校在开展研学旅行活动前,要全方位考虑师生出行工具、食宿安排、研学地点、活动分组等活动组织方面的安全问题,做好保险办理、责任分解,讨论制订详尽的安全预案,确保师生安全。同时,向教育局备案报批。

(2)制订安全应急预案。活动前,组织者需要通过实地查看和访问向导等方式,针对研学出行中可能发生的交通、饮食、意外伤害等危险,做出预判,制订安全应急预案。

（3）开展师生安全教育。研学旅行是校园学习的延伸。安全牵动每位家长、每位老师的心,没有安全就没有学生所期待的研学之旅。活动前,学校可通过列举一些游学过程引发的安全事故引发学生对自己人身安全的重视,利用班队会、校会等形式对参与活动的师生进行安全教育,争取家长支持配合,提高学生和教师的安全防范意识。

2. 激发热情,提升研学旅行质量

学校组织研学旅行教育活动,需要教师、学生、家长的广泛参与,调动他们的活动热情,做到有计划、有组织、有方案,提升研学活动的质量。

（1）明确研学目标。春秋游研学的主要目标是深入大自然,向大自然学习课本中所没有的实践知识,感受春种秋收的喜悦,感受家乡美丽的风光。

（2）确定研学时间。综合考虑当地季节气候特点和研学地点的情况,可以全校统一时间,也可以由家委会牵头定时间,还可以由学生小组确定活动时间。

（3）确定研学地点。根据学生的年龄特点、年级特点,确定研学地点,如学校周边的桃源洞、大湖石林、上坪天斗山等自然风光,也可以是洪田红色旅行基地,还可以是永安市金线莲种植基地。

（四）多方合作,构建研学旅行体系

开展研学旅行活动,学校不能被动地"等"和"靠",需要积极主动争取各方力量的支持与配合,既需要全体教师的配合,也需要家长的支持,还需要旅行社等专业机构的介入,更需要政府部门的支持,最终探索出一条多方合作的良好的研学旅行活动体系,促进研学旅行良性发展。

（五）线上线下,研学旅行双轨并行

开展研学旅行还可以开放线上研学旅行资源,如国家博物馆、苏州博物馆、北京故宫等。线上"云游览"为研学旅行拓宽新渠道、打开新思路、铺设新前景。实行线上线下研学旅行双轨并行,突破时间和空间的限制,从研学前的准备、研学中的指导、研学后的提升几个方面组织开展,拓展研学旅行新途径,提升研学旅行活动质量。

五、研学旅行课程案例

课程案例一：探秘吉山抗战文化遗迹

【场馆简介】

2015年8月24日,国务院公布第二批100处国家级抗战纪念设施、遗址名录,包括26个省、市、自治区的多处遗址,其中福建省有一处遗址上榜,即永安抗战旧址群,位于福建省永安市。永安也是全国著名的抗战文化名城,与抗战时期的陪都重庆、西南边陲的桂林齐名,是福建抗战中的"第二战场"。

永安市文川河东岸有个历史悠久的吉山村,抗日战争时期曾是"中华民国"福建省政府驻地。吉山位于永安市西南方向,距市中心5公里。1999年,被确定为福建省首批"历史文化名乡"。

【考察主题】

(1)参观抗战文化基地,了解抗战文化遗迹。

(2)采访当地群众或基地讲解员,了解抗战文化历史之东南抗战文化中心。

(3)了解福建省国民政府卫生处旧址(古代书院)——萃园。

【研学目标】

(1)通过查阅吉山抗战文化遗迹相关资料,了解主要抗战文化遗迹。

(2)通过实地观察走访,直观了解吉山抗战文化遗迹。

【基地资源】

淇园:永安抗战旧址,被列入市级文物保护点。抗战时期是国民政府最高法院闽浙赣分庭所在地,庭长翁敬棠也住在这里。这座仅余院墙和门楼的古建筑遗迹,就是清代吉山九座书院之一的淇园。

材排厝:抗战时期,最高法院闽浙赣分庭的工作人员在此居住。材排厝既是一座很有地方特色的古民居,又是当年国民政府最高法院派驻三省机构工作人员的居住地,省高等法院民事庭长陆雪塘就住在左侧横屋。

棋盘厝:省教育厅督导处,《福建教育》《国民教育指导月刊》《中等教育》等刊物的编辑部旧址。因两边房屋布局对称,天井又像楚河汉界,整座看起来像棋盘,而被称为棋盘厝。

挹秀楼:吉山村唯一的一座具有西欧风格的小洋楼,于1945年由刘韵韶先生所建,精致玲珑,结体坚实,具有很好的防潮功能。挹秀的意思是把美好的东西都聚集于此。

锡朋厝:抗战时的福建省永安警察局所在地,陈培琨先生居住地。

【研学问题】

(1)吉山主要有哪些抗战遗迹?

(2)这些抗战遗迹在抗战时期发挥了哪些重要的作用?

(3)抗战时期,国民政府有哪些重要办事机构设在吉山?

【研学活动】

活动一:"我是小导游"之"吉山红色文化"。

介绍吉山抗战时期国民政府所在地的历史,并讲述一个关于吉山抗战遗迹的故事。

活动二:学生分小组选取感兴趣的抗战遗迹,合作撰写解说词,尝试当抗战遗迹解说员。

(1)小组模拟演练,现场展示。

(2)评选最佳解说员。

活动三:将活动一与活动二的解说内容录制成音频,供游客使用。

课程案例二:探秘吉山抗战文化历史

【研学目标】

(1)实地接触基地讲解员或当地老群众,理解吉山抗战文化历史,听抗战故事。

(2)训练学生思维能力、表达能力,提高学生解决具体问题的能力。

【基地资源】

杨潮,原名杨廉政,笔名羊枣。著名新闻记者、翻译家、军事政治评论家。抗战胜利前夕,国民党大量逮捕文化界爱国进步人士,史称"永安大狱"。羊枣被捕半年后被虐死在杭州监狱中,是这一事件唯一的殉难者,故又称"羊枣事件"。1944 年 6 月,经黎澍介绍,羊枣来到战时福建省会永安,任省社会科学研究所研究员,他还兼任美国驻华大使馆新闻处东南分处中文部主任,受聘为民办《民主报》主笔,与省政府编译室合办《国际时事研究》。

渡头厝是他在永安工作生活的地方。1945 年 7 月,顾祝同下令逮捕了当时在永安的羊枣等进步文化工作者。1946 年 1 月 11 日晨,羊枣在杭州监狱遇害,享年 46 岁。

萃园位于燕西街道下吉山村河对岸南侧,清顺治四年(1647 年)建成,清雍正年间重修。布局上采用中轴对称、二进五开间院落形式,是八闽现今保存最为完好的清代书院之一。抗战期间,省防疫大队设于此处,屋后还存有防空洞。2000 年,萃园被永安市人民政府公布为第二批市级文物保护单位。

【研学问题】

(1)查阅资料,了解"羊枣事件"。

(2)了解萃园中对联"吉水泽兰草松竹聚翠,山风鼓莲荷桃李满园"的含义。

(3)教师提问学生:"你想通过什么方式介绍八闽现今保存最为完好的清代书院之一萃园?"

【研学活动】

1.确定采访对象

采访基地讲解员或当地老群众,了解"羊枣事件"。

2.采访前预备活动

(1)收集相关资料,了解被采访对象;采访前通过电话等形式和采访对象取得联系,征得对方同意,态度要诚恳,并且说明采访意图;约好采访的时间和地点;学习相关的采访技巧;准备相关的摄像及录音工具。

(2)准备采访提纲:您经历过抗战时期吗?您了解"羊枣事件"吗?抗战时期省政府内迁永安,对永安的政治、经济、文化产生哪些重要的影响?

3.采访资料整理

进行采访后的资料整理,整合采访素材。

课程案例三:探索永安抗战旧址——文庙

【研学目标】

(1)通过查阅资料与现场查看,了解文庙清康熙帝手迹"万世师表"和雍正、乾隆两帝手迹的匾额楹联。

(2)了解文庙的文化历史。

(3)了解文庙官办儒学和新式国民教育学校对永安文化教育的作用和影响。

【基地资源】

永安文庙位于永安市(1984年,永安撤县改市)中心,是永安市内仅存的明代木建筑。永安文庙始建于明景泰六年(1455年),清代以前的400多年间,永安文庙始终是祭拜孔子的圣殿,也是当地唯一的官办儒学。民国初期,永安县第一座新式国民教育学校诞生在这里。抗战期间,省政府办公厅、省立永安师范相继在此落户。中华人民共和国成立后至20世纪70年代初,文庙一直是永安专署、永安县人民政府所在地。据永安县志记载,文庙建成后,从明成化八年(1472年)至清康熙五十八年(1719年),其间有过7次重修记录。永安文庙历经沧桑,保留至今,是永安市城区唯一见证了永安各历史发展过程的明代建筑。

【研学问题】

(1)文庙的建筑特点是什么?

(2)了解文庙中清康熙帝手迹"万世师表"和雍正、乾隆两帝手迹的匾额楹联的来历及含义。

(3)文庙的儒学和新式学校对永安的文化教育有哪些影响?

【研学活动】

活动一:查阅资料,现场访问,了解清康熙帝手迹"万世师表"和雍正、乾隆两帝手迹的匾额楹联的来历及含义。

活动二:现场观察,查阅资料,现场访问,记录文庙建筑的历史及风格特点。

活动三:通过小组合作,撰写抗战文化遗址永安文庙解说词。

【研学评价】

我是《永安抗战文化旧址——文庙》小小宣传员活动评价表		
班级:	姓名:	评价结果
自我评价	你现场访问取得的效果	□优秀□良好□合格□需努力
	自我评价你撰写的永安文庙解说词	□优秀□良好□合格□需努力
	你认为这样的宣传活动效果好吗?	□优秀□良好□合格□需努力
	你参加本次活动的综合表现	□优秀□良好□合格□需努力
同伴评价	综合评语	
	评价结果	□优秀□良好□合格□需努力
家长评价	综合评语	
	评价结果	□优秀□良好□合格□需努力
教师评价	综合评语	
	评价结果	□优秀□良好□合格□需努力

第四章　小学综合实践活动实践育人与作业设计

　　课程改革是一项系统工程，涉及课程方案、课程标准、教材、作业等方面，综合实践活动课程又是课程改革中的特色课程、亮点课程。在小学阶段，实践育人与作业设计是相辅相成的两个重要环节。实践育人旨在培养学生的动手能力、创新精神和团队协作能力，使学生在实际操作中学会发现问题、解决问题，从而形成良好的学习习惯和独立思考的能力。作业设计则是教师在实践育人过程中，对学生的学习成果进行检验和评价的重要手段，实践育人与作业设计的关系密切，二者相辅相成，共同推动学生的全面发展。

　　然而，长期以来，作业几乎是语文、数学、英语等学科所独有，综合实践活动作业怎么设计、实施、评价是广大中小学教师面临的重大挑战。

第一节　小学综合实践活动实践育人作业设计概述

　　《辞海》(第7版)中将作业解释为"为完成生产、学习等方面的既定任务而进行的活动"。《教育大词典》则把作业分为课堂作业和课外作业。作业是教学过程中的一个组成部分，是课堂学习的知识技能及时巩固的一个重要途径，是学生解决问题、创新实践、思维能力提升的重要途径。课上听讲基本只能达到"会用"，要使学习的知识形成技能，转化为能力，还必须通过不同的作业活动才能实现。作业设计应以培养学生综合素质为核心目标。这意味着作业不仅仅是对知识的复习和巩固，更是对学生各方面能力的提升。

综合实践活动是一种旨在提高学生实践能力和创新精神的教学方式,旨在通过实践活动,帮助学生将所学知识应用到实际生活中,提高学生的动手能力和创新能力。而小学综合实践活动的作业设计是课外活动拓展延伸的一个至关重要的环节,它关乎学生是否能够通过实践活动提高自己的实践能力和创新能力,关乎实践育人效果的最终实现。为了让学生在实践活动中获得更为深刻和持久的学习体验,教师必须精心设计综合实践活动基础性、拓展探究性作业,构建课内活动与课外实践作业衔接的桥梁,确保作业设计质量,提升育人质量。

一、作业设计的基本原则

当前大多小学教师、家长、学生重学生学业成绩,轻德育、体育、美育、劳育的培育,语文、数学、英语作业繁多。而综合实践活动中作业设计是非常重要的一环,综合实践活动专兼职教师必须转变作业理念,注重设计实际应用、创新实践、团队合作和跨学科作业,鼓励学生勇于创新,发挥自己的想象力和创造力,课堂知识与生活联系、与社会联系、与环境联系,从而提高学生的实践能力、创新能力、动手能力。

(一)注重实际应用

教师应该根据学生的实际需求和所学知识,设计具有实际意义的作业,让学生在完成作业的过程中,将所学知识应用到实际生活中,提高自己的实践能力和创新能力。例如,教师可以让学生通过设计自己的家庭预算,将数学、语文等知识应用到实际生活中,从而提高学生的实践能力和创新能力。

(二)注重实践创新

教师应该鼓励学生勇于创新,在完成作业的过程中,发挥自己的想象力和创造力,创造出具有实际意义的作业。例如,教师可以让学生设计一个环保产品,通过自己的创意和创新,设计出一个具有实际意义的作业,从而提高学生的创新能力。

（三）注重学生合作

教师可以让学生在完成作业的过程中，通过团队合作的方式，将所学知识应用到实际生活中，提高自己的实践能力和创新能力。例如，教师可以让学生分组合作，共同完成一个项目，通过团队合作的方式，将所学知识应用到实际生活中，从而提高学生的综合能力。

（四）注重跨学科实践

胡扬洋和白欣在《综合实践活动课程与教学》中指出："跨学科学习是综合实践活动课程的一大重点。可以说，能否克服分科教学带来的习惯和思维定式，决定着综合实践活动课程实施的实效。这需要开发出超常规的产出类型，如此才能有效地规避传统的学科习题。在长期的教学实践上，各学科都积累了大量的题型，供学生平时操练、考试应答，无论哪个学科，学生的作业往往就是解题。"跨学科是指在多个学科领域中进行的研究和探索，它强调的是知识的交叉和融合，而不是单一学科的孤立研究。在实践中，跨学科的学习和项目学习可以帮助学生在研究或活动中收集一手资料，从而整合各学科知识、各领域知识。跨学科的实践活动对学生发展具有重要意义，通过跨学科的实践活动，学生可以深入理解各个学科的知识体系，综合思维能力，培养创新精神和实践能力。此外，跨学科的实践活动还可以帮助学生更好地理解社会和自然环境，提高他们的社会责任感以及解决问题和创意物化的能力。

教师在实践活动的设计和实施中，应注重跨学科的元素，从以下三个方面进行设计。

1. 设计具有跨学科特点的活动任务

例如，教师设计一个研究项目，要求学生从多个学科的角度来分析和解决具体问题。这样学生在完成任务的过程中，就会不断地接触到不同学科的知识，从而实现跨学科的学习。

2. 提供多样化的学习资源和工具

例如，教师可以提供各种学科领域的书籍、报刊、网络资源等，供学生查阅和学习。这样学生在完成任务的过程中，就可以根据自己的兴趣和需求，选择不同的学科领域进行学习，从而实现跨学科的学习。

3. 提供丰富的实践活动场所和设备

例如，我们可以组织学生参观博物馆、实验室、自然保护区等，或者开展实地调查、实验研究等活动。这样学生在实践的过程中，就可以接触到不同的环境和情境，从而实现跨学科的探索。

二、作业产出的基本类型

在综合实践活动中，作业设计的目标是对应《中小学综合实践活动指导纲要》价值体认、责任担当、问题解决、创意物化产出四个目标维度的作业，分别是价值体认产出的作业、责任担当产出的作业、问题解决产出的作业、创意物化产出的作业。这些作业的目标是帮助学生通过实践活动，培养自己的价值观念、责任意识、问题解决能力和创新思维。

1. 价值体认产出的作业

价值体认产出的作业指学生在实践活动中，通过观察、体验、思考等方式，对一些社会现象、文化现象、自然现象等进行深入思考，从而培养价值观念。例如，学生可以通过参观博物馆、实地考察等方式，认识到文化遗产的重要性，从而在作业中表达出对这些文化遗产的尊重和保护。

2. 责任担当产出的作业

责任担当产出的作业指学生在实践活动中，通过承担一些具体任务，从而提高自己的责任意识和团队协作能力。例如，学生可以参加志愿者活动、社区服务活动等，从而在作业中表达出自己的社会责任感和服务意识。

3. 问题解决产出的作业

问题解决产出的作业指学生在实践活动中，通过观察、体验、思考等方式，对一些实际问题进行深入思考，从而提出一些解决方案。例如，学生可以参加环保活动、科技创新活动等，从而在作业中提出一些环保、创新的具体方案。

4. 创意物化产出的作业

创意物化产出的作业指学生在实践活动中，通过动手实践、创新思维等方式,将一些创意转化为实际的产品或作品。例如,学生可以参加手工制作、科技创新比赛等,从而在作业中展示出自己的创意能力和动手能力。

三、小学综合实践活动作业设计的意义

综合实践活动课程是一门以学生为中心,注重学生全面发展,旨在提高学生实践能力和综合素质的课程。它不仅包括知识、技能的学习,还包括情感、态度、价值观的培养,以及价值体认、责任担当、问题解决、创意物化目标的实现。因此,在小学综合实践活动课程中,作业设计具有重要的意义,它需要教育者充满智慧地结合教育理念、学生实际以及实践活动本身的特点,设计出能够促进学生全面成长的有趣、有意义且充满挑战性的作业。

综合实践活动作业设计是一种有效的教育手段,实践中,小学生可以灵活自觉地运用学科知识,解决综合问题。这种设计不仅强化了学科思维,打破了学科壁垒,更通过跨学科实践促使学生将知识有效迁移到新问题中,从而培育了学生的实践创新能力,为学生小学阶段的学习与未来的学生发展提供动力。

1. 强化学科思维

在实践中,学生需要运用不同学科的知识,将知识整合,解决问题。这种跨学科的思维方式可以有效地培养学生的创新思维和解决问题的能力。此外,通过项目化学习、游戏化活动、场馆式学习等方式,学生可以在实践中获得直接经验,将知识迁移到新问题中,从而更好地理解和掌握知识。

2. 打破学科壁垒

传统的学科教学往往将知识分割在不同的学科中,学生需要分别学习,这限制了学生的思维和视野。而综合实践活动作业设计将知识整合在实践中,让学生在实践中学习,可以有效地打破学科壁垒,开阔学生的视野,提高学生的综合素质。

3. 注重"学玩实践"

综合实践活动作业设计让学生经历一种包含知识、行动和态度的"学玩实践"。在这个过程中,学生不仅学习知识,更锻炼了实践能力和创新能力。

在综合实践活动课程中,作业设计是一种重要的教学手段,它不仅能帮助学生巩固知识,提高能力,还能培养学生的综合素质。因此,教师应从培养人的高度出发,注重作业设计,使学生在轻松、愉快的氛围中完成作业,从而助推学生提高综合素质,切实发挥作业的育人功能。

第二节　小学综合实践活动实践育人作业设计的策略

现有小学阶段综合实践活动实践性拓展作业存在目标设计随意、指向不明确、实践育人效能不佳等问题。为了解决这些问题,需要教师对现有实践性作业进行深入研究和改进,提高实践性作业的目标设计、题型设计、题量设计和作业评价等方面的水平,从而提高实践性作业的实践育人效果。

一、明确实践性作业的目标性

综合实践活动作业的目标是作业设计活动的出发点和航标。它强调以培养学生综合能力和素质为导向,引导学生综合运用各学科知识分析、解决问题,增强社会责任感,培养创新精神和实践能力。在作业设计过程中,教师要仔细研读《中小学综合实践活动指导纲要》精神,明确小学阶段实践性作业在价值体认、责任担当、问题解决、创意物化四个层面的目标设计,把作业目标分解细化,确保目标的合理性、明确性和育人性,充分考虑学生的实际能力和需求,以确保目标的实现,使其能够有序、系统地进行。在作业目标设定和表述中,清晰明确、可操作、可测量,才能使实践性作业取得更好的实践育人效果。

不同层次的作业内容标准中的目标应该有层次性,有不同的水平要求,同样的学习水平要求也应该通过丰富多样的行为动词来予以表达。具体目标表述可以参照《国家课程标准中的学习水平与行为动词》表4-1和表4-2(选自《为了中华民族的复兴,为了每位学生的发展》)。

表4-1　结果性目标的学习水平与行为动词

学习水平	行为结果	行为动词
了解	再认或回忆知识;识别、辨认事实或证据;举出例子;描述对象的基本特征等	说出、背诵、辨认、回忆、选出、举例、列举、复述、描述、识别、再认等
理解	把握内在逻辑联系;与已有知识建立联系;进行解释、推断、区分、扩展;提供证据;收集、整理信息等	解释、说明、阐明、比较、分类、归纳、概述、概括、判断、区别、提供、转换、猜测、预测、估计、推断、检索、收集、整理等
应用	在新的情境中使用抽象的概念、原则;进行总结、推广;建立不同情境下的合理联系等	应用、使用、质疑、辩护、设计、解决、撰写、拟定、检验、计划、总结、推广、证明、评价等
模仿	在原型示范和具体指导下完成操作;对所提供的对象进行模拟、修改等	模拟、重复、再现、模仿、例证、临摹、扩展、缩写等
独立操作	独立完成操作;进行调整与改进;尝试与已有技能建立联系等	完成、表现、制定、解决、拟定、安装、绘制、测量、尝试、试验等
迁移	在新的情境下运用已有技能;理解同一技能在不同情境中的适用性等	联系、转换、灵活运用、举一反三、触类旁通等

表4-2　体验性目标的学习水平与行为动词

学习水平	行为结果	行为动词
经历(感受)	独立从事或合作参与相关活动,建立感性认识等	经历、感受、参加、参与、尝试、寻找、讨论、交流、合作、分享、参观、访问、考察、接触、体验等
反应(认同)	在经历基础上表达感受、态度和价值判断;做出相应的反应等	遵守、拒绝、认可、认同、承认、接受、同意、反对、愿意、欣赏、称赞、喜欢、讨厌、感兴趣、关心、关注、重视、采用、采纳、支持、尊重、爱护、珍惜、蔑视、怀疑、摒弃、抵制、克服、拥护、帮助等
领悟(内化)	具有相对稳定的态度;表现出持续的行为;具有个性化的价值观念等	形成、养成、具有、热爱、树立、建立、坚持、保持、确立、追求等

二、提高实践性作业的整体性

整体性是指实践性作业在整个教育体系中的地位和作用。教师应该使实践性作业与学校的课程体系、办学理念、课程设置相协调，使其能够更好地服务于整个教育体系。

三、注重实践性作业的关联性

实践性作业是学生将所学知识应用于解决实际问题的过程。设计实践性作业时，需要注重作业与其他课程之间的关联性，确保作业与其他课程相互补充，帮助学生巩固所学知识，提高学生的实践能力和创新能力。

1. 各科知识的关联

综合实践活动中各个实践性作业之间的关联性体现在知识点的交叉和融合上。在实践性作业的设置中，教师可以根据学生的学习情况和实际需要，将多个知识点进行有机结合，使学生在完成作业的过程中，不仅能够巩固所学知识，还能够拓宽视野，提高学习效果。例如，在完成"探究刚竹的生长"的实践性作业时，学生需要运用语文、数学、生物、科学等学科知识，综合运用所学知识完成探究实践性作业。

2. 能力培养的关联

综合实践活动中各项实践性作业之间的关联性还体现在能力的培养上。实践性作业的设置旨在培养学生的动手能力、观察能力、思维能力、创新能力等。学生在完成实践性作业的过程中，需要不断动手操作，观察实验现象，思考问题，发现问题，解决问题。这些能力的培养不仅有助于学生提高学习效果，还能够提高学生的综合素质。例如，在完成"制作纸桥承重"实践性作业时，学生需要动手操作，观察结构，思考问题，最终解决问题。在这个过程中，学生的动手能力、观察能力、思维能力等会得到很好的锻炼。

3. 自主探究的关联

综合实践活动中各个实践性作业之间的关联性体现在学生的自主探究上。实践性作业的设置目的在于培养学生的自主探究能力，让学生在完成作业的过程中，学会自主思考，自主探究，自主解决问题。学生在完成实践性作业时,需要根据自己的理解,自主探究问题,自主寻找答案。这种自主探究能力的培养,不仅有助于学生提高学习效果,还能够培养学生的独立思考能力和创新能力。例如,在完成"探究水的性质"的实践性作业时,学生需要自主探究水的性质,自主寻找答案。在这个过程中,学生的自主探究能力得到了很好的锻炼。

4.教师指导的关联

综合实践活动中各个实践性作业之间的关联性体现在教师的指导上。教师在实践性作业的设置和指导中,需要充分考虑学生的学习情况和实际需要,将多个知识点进行有机结合,使学生在完成作业的过程中,不仅能够巩固所学知识,还能够开阔视野,提高学习效率。同时,教师还需要根据学生的实际情况,给予适当的指导,帮助学生解决问题。

四、注重实践性作业的质量性

作业质量是指实践性作业在内容、形式、方法等方面的合理性和有效性。设计时应该注重实践性作业的实用性、针对性和趣味性,使学生在完成实践性作业的过程中能够获得更多的收获。此外,还需要注重实践性作业的创新性,鼓励学生发挥自己的想象力和创造力,从而提高实践性作业的实践育人效果。

(一)关注个体差异,提高作业质量

作业设计要适应学生个体差异,提供不同层次的挑战。作业设计需要结合多元智能理论,给予不同类型的学生适合他们的学习方式和表达形式,要有足够的灵活性,以适应不同学生的学习节奏和能力境界。对于学习能力较强的学生,可以增加作业的复杂性和深度,鼓励他们进行更高水平的思考。相反,对于需要额外支持的学生,则需要提供更具指导性和帮助性的作业。

(二)关注过程内容,提高作业质量

作业的设计不能割裂实践活动的内容和过程,它们应该是活动不可分割的一部分。这样可以确保学生在实践中学到的内容在作业中得到巩固和

深化。为此,作业设计应当紧密跟随实践活动的主题,让学生有机会将所观察到的、参与其中的内容转化为有形的成果。

(三)关注能力素养,提高作业质量

"双减"背景下的作业设计、布置、管理鼓励多布置探究性、实践性、跨学科综合性作业,这与综合实践活动课程性质与理念不谋而合,为综合实践活动作业的实践育人功能提供了更为广阔的实施空间。实践活动作业的设计要以培养学生的综合素质为导向,注重自主性、实践性、开放性、综合性、探究性的融合,多种作业形式融合,将实践育人的理念贯穿始终,让学生在完成作业的过程中,感受到实践育人的魅力,从而更好地培养他们的实践能力和综合素质。

1. 体现自主性

自主性是小学综合实践活动实践育人作业的重要体现,这一特点使得学生在实践过程中更加主动地参与、探索和思考。学生的个性特点、学习能力、家庭教育等因素都存在着差异性,教师作业设计和布置也要体现差异性,充分考虑不同学生的学习状况,在作业选题、设计、实施、反思等给学生提供更多自主选择的空间,满足不同层次学生发展的需要,让每个学生都能在完成作业中享有获得感和成就感。

2. 体现实践性

小学综合实践活动大单元作业是一种实践性很强的育人作业。实践性是小学综合实践活动大单元作业的核心特征,它强调学生在实际情境中进行学习,通过实践来理解和掌握知识,它可以帮助学生发现问题、解决问题,并提升其综合能力;还可以帮助学生形成正确的价值观,建立良好的学习习惯。教师在设计作业时要结合学生年龄特点和实际学力,在基础性作业、提升性作业和拓展性作业中融入学生动手实践元素,让学生在做中学,做中思,做中悟。

3. 体现开放性

小学综合实践活动大单元作业是近年来教育改革中的一种新型作业形式,其核心理念在于实践育人,即通过实践活动来培养学生的实践能力和创新能力。这种作业形式的开放性体现在作业内容、形式、评价等多个方面。

首先，在作业内容上，小学综合实践活动大单元作业注重学生的自主选择和个性化发展。教师根据学生的兴趣和特长，设计出多样化的实践活动主题，让学生在选择中找到自己的兴趣所在，从而提高学生的学习积极性。同时，教师还可以根据社会热点问题和实际生活需求，设计出具有现实意义的实践活动主题，使学生在实践中感受到学习的价值，从而提高学生的实践能力。

其次，在作业形式上，小学综合实践活动大单元作业注重学生的动手操作和实践体验。教师可以设计出实地考察、实验探究、社会调查等各种形式的实践活动，还可以利用信息技术手段为实践活动提供更多的资源和工具，使学生在多样化的实践中体验到学习的乐趣。

最后，在评价上，小学综合实践活动大单元作业注重学生的过程评价和综合评价。教师不仅关注学生的最终成果，更注重学生在实践过程中的表现和态度，通过观察、记录、评估等方式，对学生的实践活动进行全过程评价，还可以根据学生的表现和能力，给予个性化的评价和建议。

4. 体现综合性

小学综合实践活动大单元作业是一种全新的教学模式，通过实践育人促进学生的全面发展，这种作业模式体现了综合性的特点。教师要根据单元主题和每个课题的目标，注重整体思考，设计课前、课中、课后不同时段的综合性作业，设计、制作、服务、调查等不同类型的综合性系列作业，让学生在完成一作业任务中，综合运用各学科知识分析、解决问题，强化了迁移应用学科知识的能力，提升了问题解决、创意物化、价值体认和责任担当等意识和能力，从而实现作业的育人功能。

5. 体现探究性

小学综合实践活动大单元作业是一种以探究性为主要特征的教育作业形式，让学生在作业中主动探究，从而提升自身综合能力。这种作业形式强调学生在作业过程中的主体地位，注重培养学生的实践能力和创新能力。教师设计作业时要结合小学生的认知水平和实践能力都还比较有限的学情，设计出符合学生认知水平的富有趣味性和实用性的探究性作业，还要注重作业评价方式的创新，将学生的实践探究过程纳入评价范畴，注重评价的全面性和客观性。

(四)关注评价反思,提高作业质量

评价反思是作业设计中不可忽视的一环。有效的作业设计要求学生在完成实践任务之后进行评价反思,教师及时对学生完成的实践作业进行批阅指导,及时与学生沟通交流,提出实践作业的改进建议。学生通过书面或口头的方式,回顾自己的学习过程、评估成果并提出改进的方向。这种反思能力的培育,对学生的终身学习能力具有重要影响。

第三节 小学综合实践活动实践育人单元作业设计示例

单元作业设计示例一:农田里的故事

一、单元教材信息

1. 基本信息

学科:综合实践活动;教材:上海科技教育出版社五年级下册;单元名称:第八单元——《农田里的故事》

2. 单元组织形式

自然单元

3. 活动内容

活动一:农民的好帮手——农具

活动二:农事谚语知多少

活动三:野外观蛙记

二、教材分析

《农田里的故事》这一单元围绕农田生态系统展开,通过农具、二十四节气和观蛙记三个活动,引导学生们深入探索农田中的生物、环境以及它们之间的相互关系。

学生通过单元活动自然进入农具的世界,在这里,农具不仅是劳动的工

具,更是古人智慧与自然和谐共处的见证。随着节气的更替,我们仿佛能听见大地的呼吸,感受到季节的脉动,而这一切,都在悄然孕育着下一项活动的展开——观蛙记。这三个活动如同三部曲,从实用的农具,到宏观的节气规律,再到微观的生物观察,环环相扣,共同构建了一幅丰富多彩的农耕生活画卷,让学生感受到自然的魅力,体验古人智慧的韵味。

本单元旨在培养学生的观察能力、实验能力和科学探究精神,同时增强他们对自然环境和生命科学的热爱与尊重。

三、学情分析

1. 知识基础分析

五年级学生已经积累了一定的自然科学基础知识,如植物生长的基本条件、动物的食物链等。然而,对于农田生态系统的复杂性和多样性,学生可能还缺乏深入的了解。因此,在教学中,需要充分利用学生的已有知识,通过引导和拓展,帮助他们建立起对农田生态系统的整体认识。

2. 学情难点分析

在学习《农田里的故事》时,学生可能遇到以下难点:一是对于农田生态系统中的复杂关系理解不够深入;二是对于农业生产中的一些专业术语感到陌生;三是如何将所学知识与实际生活相联系。针对这些难点,教师需要提前进行充分的准备,采用多种教学手段和方法,帮助学生克服困难,提高学习效果。

四、单元作业设计思路

1. 整体思路

依据《义务教育新课程方案和课程标准(2022年版)》及相关政策文件,以单元为单位设计整体作业。作业设计的类型包括务实性基础作业、巩固性拓展作业、创造性实践作业。进行能力分层,创建真实情境,引导学生在完成作业的过程中,提升知识运用迁移能力。

2. 作业类型

本单元的作业根据教学设计题型分为基础性作业、提升性作业、拓展性作业三部分。在每个板块之后,均设立了作业量化表,表格从"设计意图""核心素养""思维水平""完成方式""完成时间""作业评价"等维度说明作业功能。

(1)基础性作业的设计旨在帮助学生自我识别知识上的短板,使他们明确课堂教学内容的重点和难点。

(2)提升性作业的设计旨在深化学生对课堂教学重点、难点的理解和掌握,以便他们能够更好地应用所学知识。

(3)拓展性作业的设计则从三个活动全面提升学生的实践能力,为他们提供综合训练的机会,以促进综合实践能力的全面发展。

五、单元作业目标

活动一:农民的好帮手——农具。

(1)通过展开调查、访谈等,了解常见农具的用途以及使用方法,使学生理解家乡的典型农具,了解农具对农民的重要性。

(2)使学生学会分工与合作,培养实践能力和创新水平。

(3)在活动中,学生更多更深入地了解农民耕作的艰辛,对其产生敬佩之情,进而更加热爱家乡。

活动二:农事谚语知多少。

(1)了解二十四节气的由来与内涵,知道季节、天气的变化对农作物的生长会产生影响,以及因地域差异,不同地区的农事安排有可能不同。

(2)学会广泛收集农谚,并通过一定的分类方法加以整理。

(3)了解农业生产的重要意义,形成爱劳动的良好品格。

活动三:野外观蛙记。

(1)认识青蛙,了解青蛙的生活习性,制订观蛙计划。

(2)能交流自己的收获与感受,为拯救可爱的绿色的小青蛙开展一些宣传保护活动,向社会发出倡议书。

(3)增强学生生态环保意识。

六、单元作业内容

活动一:农民的好帮手——农具

(一)前置作业:农具用法我知道

通过拍照、网络查找、访问等形式,认识各种农具。

【设计说明】

			☑课前　　□课中　　□课后		
题目来源	☑原创 □改编	难易	易	核心素养	□社会责任感 □创新精神 ☑实践能力
作业类型	☑基础性作业 □提升性作业 □拓展性作业	完成时间	5分钟		
思维水平	☑记忆 ☑理解 □应用	完成方式	☑独立　□合作		
设计意图	知识理解与应用:其目的在于通过连线题的形式,使学生能够将农耕工具与其功能进行匹配,从而加深对农耕工具用途的理解和应用,以提升学生调查、访谈能力				

(二)当堂作业:农具科普我能行

任务一:农具名片卡

课前通过参观博物馆、查找资料或采访长辈等方式,了解传统农具的名称、使用方法及途径,并为你最感兴趣的农具做一张"农具名片卡"。

【设计说明】

			□课前　☑课中　□课后		
题目来源	☑原创 □改编	难易	易	核心素养	☑社会责任感 □创新精神 ☑实践能力
作业类型	□基础性作业 ☑提升性作业 □拓展性作业	完成时间	8分钟		
思维水平	☑记忆 ☑理解 ☑应用	完成方式	☑独立　□合作		
设计意图	1.知识理解与应用:通过制作农具名片卡的形式,了解农具的用途及使用方式,加深学生对农具的认识 2.实践认知:引导学生细心观察生活之美,培养学生的观察能力和积累实践经验 3.文化传承:农业是中华文化的重要组成部分,通过这一作业,可以帮助学生更好地了解农耕文化,增强对传统文化的认同感和自豪感				

任务二:农具的前世今生

《论语》中提到,"工欲善其事,必先利其器"。工具在劳动生产中的作用不言而喻。中国古代农业耕作技术的进步,在很大程度上就是建立在耕作工具的发展之上。现在有一项富有挑战性的活动正等待你们的探索——"农具的演变之旅"。(要求:本次调查探究包含"研究记录单"和"成果展示"这两块内容。)

(1)研究记录单:自行设计农具记录单。

(2)成果展示:把完成的记录单或思维导图粘贴在教室,同学之间学习交流。

【设计说明】

			□课前 ☑课中 □课后		
题目来源	☑原创 □改编	难易	中等	核心素养	☑社会责任感 ☑创新精神 ☑实践能力
作业类型	□基础性作业 ☑提升性作业 □拓展性作业	完成时间	20分钟		
思维水平	☑记忆 ☑理解 ☑应用	完成方式	□独立 ☑合作		
设计意图	1.知识理解与应用:通过探究"农具的演变之旅",了解农具的演变过程,加深学生对农具的认识 2.实践认知:让他们沉浸式地领略农具历史的博大精深。鼓励孩子们放飞思绪,穿越时空的长廊,亲历石器、青铜器直至铁器时代农具的变革,感受每一件农具在历史车轮中留下的独特印记 3.文化传承:农耕是中国深厚文化底蕴的根基,它承载着中华民族的智慧与历史。通过本次活动,我们为学生们开启了对传统文化的共鸣与探索之门,使他们能够深入领略并欣赏我国独特的农耕艺术,从而培养出对传统文化的敬仰之情				

(三)实践作业:劳动创造美好生活

学校决定开展"劳动教育宣传周"活动,请同学们从下面两项活动中任选一项完成。

任务一:创新农具,变废为宝

利用废旧物品(如废旧可乐瓶、纸皮、废旧木柴等)制作一件简易农具(如小型耙子或简易浇水器)。描述你的制作过程,并说明这件农具的用途和优点。

【设计说明】

		□课前		□课中	☑课后		
题目来源	☑原创 □改编	难易		中等			
作业类型	□基础性作业 □提升性作业 ☑拓展性作业	完成 时间		20分钟	核心素养	☑社会责任感 ☑创新精神 ☑实践能力	
思维水平	☑记忆 ☑理解 □应用	完成 方式	☑独立　□合作				
设计意图	鼓励同学们发挥创造力和动手能力,利用生活中的废旧物品制作简易农具,如小型耙子或简易浇水器。通过这一过程,同学们不仅能够了解农具的基本结构和功能,还能学会如何废物利用,培养环保意识和创新精神						

任务二:农耕画卷,诗意田园

周末和父母一起体验一天的田野生活,并以"我和农田的一天"为题,写一篇日记,描述你在农田中一天的活动,包括你所使用的农具和你在农田中从事农事活动时的心情。

【设计说明】

		□课前		□课中	☑课后		
题目来源	☑原创 □改编	难易		中等			
作业类型	□基础性作业 □提升性作业 ☑拓展性作业	完成 时间		15分钟	核心素养	☑社会责任感 ☑创新精神 ☑实践能力	
思维水平	☑记忆 ☑理解 □应用	完成 方式	☑独立 □合作				
设计意图	1.培养学生的观察力和对自然的感知能力:通过记录农田的一天,引导学生观察农作物的生长情况、农具的使用以及自己与农田的互动,从而培养学生的观察力和对自然的感知能力。 2.增强学生的劳动意识和动手能力:通过参与农田劳作,让学生体验劳动的乐趣和辛勤,培养学生的劳动意识和动手能力。 3.提升学生的思考和表达能力:通过写日记的形式,引导学生对一天的农田活动进行回顾和总结,从而提升学生的思考和表达能力						

活动二:农事谚语知多少

(一)前置性作业:承传统文化,品节气之美

任务:专属节气农事海报

观看二十四节气大型纪录片《四季中国》,请你利用转盘节气探索卡,选择你所感兴趣的节气进行调查。

(1)了解这个节气对你所在地区农田的影响。

(2)了解在这个节气里,农民们通常会进行哪些农事活动。

(3)绘制一张"专属节气农事海报"。

【设计说明】

			☑课前　　□课中　　□课后		
题目来源	☑原创 □改编	难易	中等		
作业类型	☑基础性作业 □提升性作业 □拓展性作业	完成时间	10分钟	核心素养	☑社会责任感 ☑创新精神 ☑实践能力
思维水平	☑记忆 ☑理解 □应用	完成方式	☑独立　　□合作		
设计意图	通过了解二十四节气对农田的影响及农民在这个节气里的农事活动,可以帮助学生更好地理解农业生产和节气文化的关系,增强对农业生产的认识和理解。同时,这也能够培养学生的实践能力和环保意识,让他们更加关注农业生产和环境保护				

(二)实践性作业:品耕作之趣 享种植之乐

经过春耕、施肥、除草、收割等,到成为一粒大米,都是大自然与人类智慧的结晶。请从下面两个任务中挑选一个来参与完成。

任务一:春耕过程我知晓

万物复苏之际,让我们一同探索种植的奥秘。请深入探究一种你熟悉

的植物,详细描述它在春季如何经历播种的各个环节,揭开春耕的神秘面纱。

【设计说明】

	□课前　☑课中　□课后				
题目来源	☑原创 □改编	难易	中等	核心素养	☑社会责任感 □创新精神 ☑实践能力
作业类型	□基础性作业 ☑提升性作业 □拓展性作业	完成 时间	10分钟		
思维水平	☑记忆 ☑理解 □应用	完成 方式	☑独立　□合作		
设计意图	通过描述,引导学生了解春耕的基本步骤,并通过对特定植物春耕过程的描述,提升学生的观察能力和实践经验。农业是中华文化的重要组成部分,通过这一作业,可以帮助学生更好地了解农耕文化,增强对传统文化的认同感和自豪感				

任务二:大米成长图鉴

你是否曾对餐桌上那碗香喷喷的米饭产生好奇？请绘制一份生动的"大米成长图鉴",揭示每一粒米从幼苗到饱满谷穗的奇妙过程。

【设计说明】

	□课前　☑课中　□课后				
题目来源	☑原创 □改编	难易	中等	核心素养	☑社会责任感 ☑创新精神 ☑实践能力
作业类型	□基础性作业 ☑提升性作业 □拓展性作业	完成 时间	20分钟		
思维水平	☑记忆 ☑理解 □应用	完成 方式	☑独立 □合作		
设计意图	通过绘制大米成长图鉴的方式,让学生在轻松愉快的氛围中了解大米的生长过程,提升他们的动手绘制能力				

(三)调查性作业:探访智慧农田

任务一:化身小记者,探访智慧农田

每一片农田都蕴含着丰富的故事和实用的知识。请同学们化身小记者,采访当地农户或农业合作社,了解农田的耕作历史、主要农作物、耕作方式及农田管理的经验。

任务二:摇身一变农田小专家

通过观看视频,引领学生探索现代农业的智慧奥秘,领略科技与大地交融的魅力。

【设计说明】

			□课前　　□课中　　☑课后		
题目来源	☑原创 □改编	难易	难		
作业类型	□基础性作业 □提升性作业 ☑拓展性作业	完成时间	30分钟	核心素养	☑社会责任感 ☑创新精神 ☑实践能力
思维水平	☑记忆 ☑理解 ☑应用	完成方式	□独立 ☑合作		
设计意图	通过实地访问,使学生能够更加深入地了解农业生产的全过程,包括农田的耕作历史、主要农作物种类、耕作方式以及农田管理经验等。锻炼学生的沟通交流能力,并培养他们发现问题、分析问题和解决问题的能力,以及引导学生关注农业、农村和农民问题,增强他们的社会责任感				

活动三:野外观蛙记

(一)前置性作业:青蛙知多少

任务:青蛙测验判断题

在即将踏上这次户外探秘青蛙世界的旅程前,你是否对这些绿色的小生物有所认识呢? 在启程前,我们来检验你对青蛙的了解程度,完成下列判断题,对的打"√",错的打"×"。

【设计说明】

	☑课前　　□课中　　□课后				
题目来源	☑原创 □改编	难易	易	核心素养	□社会责任感 □创新精神 ☑实践能力
作业类型	☑基础性作业 □提升性作业 □拓展性作业	完成 时间	3分钟		
思维水平	☑记忆 ☑理解 □应用	完成 方式	☑独立　□合作		
设计意图	在课前对青蛙知识的初步了解,旨在开启学生对蛙类世界的认知之旅,引导学生主动参与,享受学习的过程,为即将展开的探究活动奠定稳固的基础。这样的作业设计,既保证了内容的连贯性,又提升了学习的趣味性				

(二)实践性作业:探寻青蛙成长的奥秘

任务:查阅资料,了解青蛙,制作并完成记录表

青蛙是一种常见的两栖动物,它们的生命之旅跨越了四个阶段:卵的孕育、蝌蚪的蜕变、幼蛙的生长、成蛙。每个阶段都有其独特的生物学特性和生态环境需求。为了更深入地了解青蛙成长的奥秘,请同学们参阅相关资料,完成青蛙资料记录表。

【设计说明】

	□课前　　☑课中　　□课后				
题目来源	☑原创 □改编	难易	中等	核心素养	☑社会责任感 ☑创新精神 ☑实践能力
作业类型	□基础性作业 □提升性作业 ☑拓展性作业	完成 时间	30分钟		
思维水平	☑记忆 ☑理解 ☑应用	完成 方式	☑独立　□合作		
设计意图	结合学生在科学课上学习到的青蛙生活习性知识,通过实践的方式对青蛙有更深刻的了解。通过这一设计活动,学生不仅能够加深对青蛙生活习性的理解,还能意识到生态平衡与环境保护的重要性,并尝试将理论知识应用于实际问题解决中				

(三)分层性作业:争当环保小卫士

在传达生态之美与保护意识的使命中,你有两项创意任务可选(二选一)。

(1)精心构思并录制一段以"保护生态环境 文明从我做起"为主题的短视频。

(2)设计一幅有关"农田生态保护"的宣传海报。可以通过动态的镜头语言,捕捉大自然的瞬息万变;也可以是静态的画面,展现大自然定格的美。

任务一:拍摄短视频

为倡导环境保护,致敬自然之美,请同学们以"保护生态环境 文明从我做起"为主题拍摄短视频。(视频要求:横屏拍摄、MP4 格式、视频时间不超过 4 分钟、内容以宣传正能量为主。)

【设计说明】

		□课前 □课中 ☑课后			
题目来源	☑原创 □改编	难易	难	核心素养	☑社会责任感 ☑创新精神 ☑实践能力
作业类型	□基础性作业 □提升性作业 ☑拓展性作业	完成时间	30 分钟		
思维水平	☑记忆 ☑理解 ☑应用	完成方式	□独立 ☑合作		
设计意图	通过实际操作和创意表达,让学生们结合所学的环境保护知识,拍摄一个宣传短视频。作业的目的不仅在于巩固和拓展学生的环保知识,更在于通过实际操作和创意表达,培养学生的创新思维、团队协作能力和社会责任感				

任务二:设计宣传海报

结合所学知识,提出一项针对农田生态保护的环保建议,并设计一张宣传海报,为维护我们的绿色家园做出贡献。

【设计说明】

	□课前　　　□课中　　　☑课后				
题目来源	☑原创 □改编	难易	难	核心素养	☑社会责任感 ☑创新精神 ☑实践能力
作业类型	□基础性作业 □提升性作业 ☑拓展性作业	完成 时间	30分钟		
思维水平	☑记忆 ☑理解 ☑应用	完成 方式	□独立　☑合作		
设计意图	通过实际操作和创意表达,让学生们结合所学的环境保护知识,提出一项针对农田生态保护的环保倡议,并设计一张宣传海报。作业的目的不仅在于巩固和拓展学生的环保知识,更在于通过实际操作和创意表达,培养学生的创新思维、团队协作能力和社会责任感				

单元作业评价表

	姓名:_____　　班级:_____　　学号:_____
	活动一:农民的好帮手——农具
自我 评价	1.我绘制的是_____的农具名片卡。 2.我是否了解了该农具的具体使用方法? □是　　□否 3.我是否了解农具对农民的重要性? □是　　□否 4.我是通过什么途径来收集农具知识资料的? _____
同伴评价	他(她)积极参与讨论了吗? □很积极　　□不积极
	活动二:农事谚语知多少
自我 评价	1.我是否了解二十四节气的由来与内涵? □是　　□否 2.我是否知道季节天气的变化对农作物的生长会产生影响? □是　　□否 3.我是否了解农业生产的重要意义? □是　　□否 4.能够用一定方法分类和整理农谚内容。□是　　□否 5.在"化身小记者 探访农田的奥秘"的过程中我遇到的困难是什么?我是如何解决的? _____

同伴评价	在活动过程中小组间是否有互相合作,相互配合? □没有,各自完成,无交流。□有,相互合作,互相帮忙,积极交流。

活动三:野外观蛙记

自我评价	1.我是否认识青蛙,并且了解青蛙的习性? □是　□否 2.我对自己作品的认可度。□满意　□不满意 3.在野外观蛙的过程中,我(成功/有困难)的地方是: ＿＿＿＿＿＿＿＿＿＿＿＿＿＿＿＿＿＿＿＿＿＿＿＿＿＿＿＿＿＿
同伴评价	是否喜爱他(她)的作品:□喜欢　□不喜欢 理由:＿＿＿＿＿＿＿＿＿＿＿＿＿＿＿＿＿＿＿＿＿＿＿＿＿＿＿＿
谈谈收获	通过本单元综合性的学习,我＿＿＿＿＿＿＿＿＿＿＿＿＿＿＿＿＿＿ ＿＿＿＿＿＿＿＿＿＿＿＿＿＿＿＿＿＿＿＿＿＿＿＿＿＿＿＿＿。

		等级	评价标准	成绩
教师评价	综合实践作业	优秀	1.了解农具的具体使用方法,以及农具对农民的重要性 2.了解二十四节气的由来与内涵,知道季节天气的变化对农作物的生长会产生影响,了解农业生产的重要意义 3.能够用一定方法分类和整理农谚内容 4.了解青蛙的习性,制订观蛙计划 5.自觉保护生态环境这一原则,并发出倡议	
		良好	1.了解农具的具体使用方法,以及农具对农民的重要性 2.了解二十四节气的由来与内涵,知道季节天气的变化对农作物的生长会产生影响 3.能够用一定方法分类和整理农谚内容 4.了解青蛙的习性,制订观蛙计划	
		合格	1.了解农具的具体使用方法 2.了解二十四节气的由来与内涵,知道季节天气的变化会对农作物的生长产生影响 3.了解青蛙的习性	
		需努力	没有按要求完成作业	
	评语			

单元作业设计示例二:爱护我们的眼睛

一、单元作业概况

1.基本信息

学科:综合实践活动;教材:上海科技教育出版社五年级下册;单元名称:爱护我们的眼睛

2.单元组织形式

自然单元

3.活动内容

活动一:认识近视眼——学校同学近视状况调查

活动二:近视眼的危害——怎样保护我们的眼睛

二、单元目标分析

1.学科核心素养

《义务教育课程方案和课程标准(2022年版)》指导思想中提出聚焦学生发展核心素养,培养德智体美劳全面发展的社会主义建设者和接班人。课程改革的深入推进和发展使得立德树人、全面发展问题被提上日程,尤其跨学科、学科融合等教育理念的提及使得不同学科的联系变得愈发密切。学生的进步和发展在某种程度上可以看作是学科知识融合的结果。而综合实践活动是一门超越学科领域框架的课程组织形态,综合性是其最显著的特征,是跨学科融合理念的集中体现。而跨学科教学活动的开展既能够促进学生综合素质的培养,又能让学生在参与丰富多元化综合实践活动的过程中变得视野开阔、认知清晰。

2.单元作业目标

(1)价值体认:通过设计实践类作业,增加学生的生活与实践经验,提升对近视眼形成原因及危害的了解,培养学生养成爱眼护眼的好习惯,并树立长期坚持的观念。

（2）责任担当：围绕学生日常生活实践与资料搜寻方式展开教学，锻炼学生学会护眼、贯彻护眼理念、积极宣传护眼知识的精神，能够积极参加日常组织的护眼活动。

（3）问题解决：在教师及教学的引导下，结合家庭、学校，培养学生解决护眼习惯，体验护眼知识学习过程中的兴趣。

（4）创意物化：通过设计一系列实践类活动，在实践过程中学习护眼知识，将理论知识充分实践化。

三、单元大概念架构

1. 单元分析

本单元主要是以"爱护眼睛"为主题展开教学，分为"学校同学近视状况调查表"和"怎样保护我们的眼睛"2 个课时展开教学。其中第一课时以让学生了解眼睛的基本结构、产生近视的原因以及如何调查学校同学近视状况为主要教学内容，帮助学生初步了解眼部的结构以及产生近视眼的内外部原因，让学生在搜集调查的过程中了解近视眼在生活中的不便。第二课时主要以向学生普及近视眼的危害为主，旨在培养学生学会正确保护眼睛的方法，同时建立长期坚持保护眼睛的好习惯，利用"理论+实践"相结合的教学方式，进一步巩固学生所学知识。

2. 学情分析

对于五年级的学生而言，已经具备了基本的理解能力、动手实践能力以及相对的独立思考意识。因此本单元对于五年级的学生而言是一次综合性、以实操为主的实践活动。由于五年级学生的实践活动与理论充分融合的意识尚未完全树立，而本单元则以引导学生掌握有关近视眼的基本知识以及预防措施为主，题材较为新颖，能够激起学生对本单元主题的学习热情。因此在单元学习过程中，结合作业设计帮助学生进一步巩固所学知识，在实际生活情境中充分感受近视眼的危害和预防的必要性，为学生设立评价标准和过程性的干预指导，进一步引导他们树立正确的护眼意识。

四、单元作业设计

题型一:基础性作业·课前作业:知识大搜集——手卡制作

课前通过搜集与眼睛构成相关的知识,思考:我们的眼睛内部都有什么?当其遭到破坏后又会产生什么样的后果呢?根据这两个问题,请同学制作相应的手卡,并在课堂中将自己所搜集到的知识分享一下。

【设计意图】本题主要为基础型作业,帮助学生通过制作手卡的形式,初步了解眼部的结构,并在制作的过程中锻炼学生的实践动手能力、资料搜集能力以及独立思考能力,帮助学生在课前掌握相关的基础知识。

题型二:基础性作业·课前作业:眼部职能我知晓

众所周知,我们的眼睛主要是由上睫毛、下睫毛、眼珠、瞳孔、眼白以及泪腺六个部分组成,那么每个"部门"分别有什么样的职能呢?

【设计意图】本题主要运用图文结合和信息检索的形式,帮助学生了解有关眼部结构及相关功能作用的知识点,引导学生在更加立体的情境中掌握眼部构成及功能知识,为近视原因的探讨奠定基础。

题型三:基础性作业·课中作业:近视原因我知晓

当今社会中,近视已经成为世界范围内发病率最高的一种眼病了,大家仔细观察会发现,学校中每过一段时间都会有一两位同学戴上眼镜,还有很多同学因为看不清黑板上老师写的板书,而要求调位置。那么,为什么会形成近视眼呢?

1. 在下列专业性用语中,近视主要有哪两种性质?(　　　)(多选)

A. 真性近视　　　　　　　　　　B. 调节性近视

C. 隐形近视　　　　　　　　　　D. 障碍性近视

2. 造成近视眼的主要原因是什么?(　　　)(单选)

A. 遗传因素　　　　　　　　　　B. 不良的视觉环境

C. 缺乏体育锻炼　　　　　　　　D. 不良的用眼习惯

参考答案:1. AB　2. D

【设计意图】本题主要通过多项和单项选择的形式,帮助学生巩固在课前以及课堂中所学到的有关近视眼的形成原因,巩固学生的理论知识掌握程度。

题型四:提升性作业·课中作业:近视影响有哪些

在上节课的学习中,同学们学到了有关近视形成的原因,并且制作了一份自己的"专属调查表",运用你在调查过程中所掌握的知识,你觉得近视眼对生活的影响都有哪些? 小组间进行讨论交流,将代表性答案填入下列方框中,并派一名代表上台汇报。

【设计意图】本题主要为提升型作业,让学生基于上节课的应用题所搜集的知识,在交流探讨的基础下对近视眼带来的危害进行初步总结,在检测学生调查结果的同时提高学生对专业知识点的了解程度,通过互相交流的方式提升学生的合作能力以及交流能力。

题型五:拓展性作业·课后作业:护眼宣传大使

经过两节课的学习,同学们了解到近视眼在生活和学习中的影响和危害,学校决定开展"护眼知识宣传周",请同学们从下面两项活动中任选一项,进行设计。

(1)设计一张有关护眼的专属宣传海报。

(2)根据护眼需要设计一个你心目中的"护眼神器"。

【设计意图】本题为创新应用类题型,主要将学生所学理论知识充分运用于实践中,在考查学生对理论知识的掌握情况的同时,锻炼学生的实践动手能力、合作能力以及多学科知识融合能力,加深学生对护眼的重视。

单元作业设计示例三:漫步建筑长廊

一、单元作业概况

1. 基本信息

学科:综合实践活动;教材:上海科技教育出版社六年级下册;单元名称:漫步建筑长廊。

2. 单元组织形式

自然单元

3. 活动内容

活动一:南北方民居大不同

活动二:纸结构承重比赛

活动三:老建筑的去和留

二、单元活动分析

六年级学生已具备一定的实践能力,要逐步让学生掌握一些探究问题的方法,提高学生的问题意识,使学生能够从生活和学习中挖掘自己感兴趣的活动主题,试着和同学展开小组合作学习,在有效的活动中不断提高自身的实践与创新的潜能。六年级下册《漫步建筑长廊》是一个有趣且富有启发性的单元,通过这个单元的学习,学生可以了解不同地区的建筑风格和特点,领略中国民居古老而独特的魅力,感受当地的人文底蕴,了解如何设计稳定的结构和保护老建筑的重要性,从而对建筑有更深入的认识,培养文化审美和保护意识。

三、单元学习目标

1. 价值体认

通过研究南北地区居民的居住环境和建筑差异,深刻理解这些差异所蕴含的文化、历史、地理等方面的价值观念和体认。通过实践活动,理解不同形状的纸结构稳定性,培养科学思维。积极准备辩论赛,认识到老建筑作为历史文化遗产的重要性,理解保护老建筑对于传承历史文化、弘扬民族精神的价值。

2. 责任担当

在研究过程中承担起自己在小组中的责任和职责,包括仔细收集资料,积极分析问题和对比内容等。在实践活动中,需要承担起设计、制作和测试不同形状纸结构的责任。参与老建筑去留问题探讨,学习如何以理性、负责的态度表达个人观点和立场。

3. 问题解决

在活动中可能会面临资料搜集不当,对不同地区的文化认识不足,研究不透彻等问题,能在老师帮助下解决以上问题。在实践过程中,可能会遇到纸结构不稳定、承重能力不足等问题。需要运用所学知识,分析问题原因,寻找解决方案,从而锻炼问题解决能力和创新思维。参与辩论赛,培养思辨能力,学会从多角度思考老建筑去留问题的利弊得失。

4. 创意物化

能够在南北居民差异分析中拓展延伸,思考更多南北差异之处,并通过表格的形式展示自己的发现和收获。在实践中,可以自由设计纸结构的形状、结构,将创意转化为实际的纸结构作品,从而培养创意物化能力。

四、单元作业目标

通过搜集图片、视频、文字等资料,实践考察等方式,了解我国南方和北方不同的民居样式,分析和讨论南北方民居不同的原因,可以从地理环境、气候条件、文化习俗等多个方面考虑,领略中国民居古老而独特的魅力,感受人文底蕴。

通过设计和制作不同形状纸结构,培养学生观察、设计和动手制作的能力,测试和改进纸结构,培养学生的观察、设计和解决问题的能力,体验工匠精神,增强科学精神和实践创新意识,实现实践育人的目标。

通过查阅资料,走访调查,可以培养学生整理和分析资料的能力,并进行永安本地老建筑调查研究,整理出相关的资料和观点,培养批判性思维和分析问题的能力,培养他们对永安老民居保护的责任感和意识。为宣传红军标语博物馆献计献策,激发学生创新思维和创造力,增强社会责任感。

五、作业设计思路

在"双减"政策下,以"大单元设计"为基本思路,在核心素养目标指引下设计情景化的作业模式,根据教学时长、教学目标和学生的学情,结合地域特色,创新设计和改编作业,合理安排作业量,以激发学生完成作业的兴趣。

该单元作业立足于教学整体,注重学生之间的差异性的思路,采用大单元概念,根据内容划分为3个课时,每个课时根据学生能力自主选择设置基础探究、考察实践、设计制作、社会服务、拓展探究等题型,激发学生的学习乐趣。树立学生正确的情感、态度、价值观,关心学生合作与交往能力的提高,提升学生适应社会发展的必备品质和关键能力。

六、课时作业安排

活动一：南北民居大不同

(一)基础探究作业

请同学们通过查找资料、考察和请教专家等方法收集南北民居的资料,选择你最感兴趣的一组南北民居并比较其建筑风格的差异,试着分析南北方民居差异的原因,可以从地理环境、气候特点、文化生活等因素的影响角度考虑。

南北民居大不同		
比较项目	北方民居：_____	南方民居：_____
民居图片		
出现地区		
建筑材料		
屋顶形状		
外墙颜色、形状		
门、窗		
气候因素		
地形地貌因素		
文化习俗		
其他		

【作业分析与设计意图】

学生通过各种途径收集资料,了解我国南方和北方不同的民居样式。明确学习主题,体会中国民居的古老而独特的魅力,感受人文底蕴。学生可以从地理环境、气候条件、文化习俗等方面考虑,有目的地查找资料并分析和讨论南北方民居不同的原因。这一设计减轻了学生搜集资料方向的漫无性,除培养学生收集资料的能力外,本作业的重点还在于提升学生分析资料的能力。

(二)考察实践作业

(1)周末,同学们可以和家人外出走走看看,选择家乡的典型民居进行实地考察。将基础性作业里的调研资料与实地考察结果进行综合分析,与家人一起探讨南北方民居差异背后的文化和社会因素。

(2)考察时要注意记录建筑的特点、环境背景、使用情况等。

典型民居名称	
民居图片	
建筑特点	
环境背景	
使用情况	
其他	

【作业分析与设计意图】

学生通过实地考察法收集当地民居的资料,了解本地的建筑风格和特点,领略民居古老而独特的魅力;还能增进亲子交流,激发学生探究兴趣,增强保护民居的意识,实现实践育人的目标。

活动二:纸结构承重比赛

(一)基础探究作业

请同学们利用课余时间搜集阅读相关的建筑结构知识,认真观察建筑中柱状结构,和小组同学讨论并设计自己的纸桥方案。

【作业分析与设计意图】

学生通过搜集相关建筑知识,知道不同形状的柱子承重能力不同,为课堂实践做好知识铺垫,并与同学交流探讨设计制作纸桥的过程,提升搜集资料、观察、设计的能力,树立科学意识。

(二) 设计制作作业

同学们猜一猜是圆形、方形或是梯形，还是其他形状的纸结构承重大呢？

活动要求：将学生分成若干个小组，每个小组由 3~4 名学生组成。每个小组根据自己猜测的纸形状设计并制作一种能够承受最大负重的纸结构。

活动步骤：

(1) 学生分组，每个小组选择一名组长，负责组织和协调小组成员。

(2) 小组成员共同商讨并确定纸结构的设计方案，包括结构形式、使用的纸张类型和连接方式等。

(3) 小组成员根据设计方案，使用提供的材料制作纸结构。

(4) 每个小组在制作完成后，进行负重测试。测试时，将逐渐增加负重，直到纸结构不能承受为止。

(5) 记录每个小组的实验数据并写下实验过程中发现的问题和改进的方法，用于后续的分析和总结。

小组测试记录单				
纸结构	圆形	方形	梯形	_____形
可承重课本数量				
发现问题				
改进方法				
我的发现				

【作业分析与设计意图】

本作业是对活动二的细化探究，学生可以通过小组合作实验，探究何种纸结构能够承受更大的力，培养发现问题和解决问题的能力。通过这样的作业设计，锻炼学生的动手能力和团队合作精神，养成勤于思考和反思习惯，增强科学精神、责任担当和实践创新意识。真正让学生在动手操作中有所感，有所悟。

（三）拓展探究作业

动物界里有很多"建筑高手"，它们懂得运用天生的好本领，利用大自然的现有资源，造出与众不同的"建筑物"来作为繁衍生息的场所。这些了不起的"自然建筑师"是哪些动物？它们的建筑有什么神奇之处？

【作业分析与设计意图】

学生通过课堂实践活动，在了解一定建筑及结构相关知识的基础上，升华课题内容，通过搜集动物界的"建筑高手"相关资料，了解动物的巢穴结构有关内容。通过一系列活动的开展，学生能够在小学阶段浅显了解一些基础物理知识和结构设计的重要性，为今后学习打下坚实的基础。

活动三：老建筑的去和留

（一）基础探究作业

请各小组商讨选择一个喜欢的课题进行研究调查，并派代表将成员搜集的成果进行整理叙述。

（1）简介永安老建筑的价值和意义。

（2）探讨保留永安老建筑的好处。

（3）分析拆除永安老建筑的原因。

【作业分析与设计意图】

结合永安地方特色，在尊重学生自主性的基础上选择自己喜欢的课题，并在搜集相关资料的过程中，认识到永安老建筑作为历史文化遗产的价值和意义，探讨保留老建筑的好处和分析拆除老建筑的原因两个问题，提前为课堂辩论赛做准备。

（二）考察实践作业

永安存在着许多的老建筑，它们作为历史的见证和文化的遗产，具有重要的价值。然而，保留老建筑也面临着一些问题，请学生分析保留或拆除老建筑之间的利弊。组织四对四团体辩论赛，每组选取四人进行辩论赛活动,教师担任评判人员,针对双方的观点陈述进行打分,根据所有辩手的表现,评选出最佳辩手,最佳辩手进行该场辩论赛的总结。

【作业分析与设计意图】

学生通过前面几项作业,了解了永安老建筑情况,可以发挥自己的特长优势,选择参加辩论赛,进一步加深对永安老建筑作为历史文化遗产的重要性的认识,理解保护老建筑对于传承历史文化、弘扬民族精神的价值。学会运用辩论技巧,以理性、负责的态度表达个人观点和立场,提升学生的语言表达能力、团队协作能力以及逻辑思维能力,增强保护文化遗产的意识和责任感。

(三)社会服务作业

"风展红旗 如画三明"党史故事宣讲活动正如火如荼地展开。永安市中央红军标语博物馆是福建省乃至全国的首个"红军标语实体博物馆",馆内保存有红军标语、漫画250余条。这些标语、漫画的背后有许多感人的故事。中央红军标语博物馆不仅仅是一座有特色的老建筑,更是一个红色阵地,但是博物馆的知名度有限,请同学们想想如何借三明市委组织的"风展红旗 如画三明"活动的机会,宣扬永安市的红色爱国教育基地,大胆献计献策,让永安的红色印记永不褪色!

【作业分析与设计意图】

通过开展学生为宣扬中央红军标语博物馆献计献策的活动,激发学生的创新思维和创造力,同时深入体会红色文化,增强爱祖国爱家乡的感情和社会责任意识。

单元作业设计示例四:五月初五话端午

一、单元作业概况

1.基本信息

学科:综合实践活动;教材:上海科技教育出版社四年级下册;单元名

称:五月初五话端午。

2.单元组织形式

自然单元

3.活动内容

活动一:故事里的端午节

活动二:巧手做龙舟

活动三:端午小考场

二、单元作业概况

通过开展综合实践活动,让学生了解有关端午节的知识,如习俗、故事。学生以表演的形式,进行创意设计和创作,举办形式简单的知识竞赛,增强学生的民族责任心和自豪感,加深对中国端午历史的了解和认识,关注学生情感、态度、价值观的发展和变化,提升学生合作与交往能力。通过故事里的端午节和巧手做龙舟,学生体验探究和制作的乐趣,培育学生的合作能力、动手制作能力和问题解决能力。

三、单元目标分析

(一)单元活动目标

参照《中小学综合实践活动课程指导纲要》,结合本单元活动的特点,本单元活动的开展侧重于考察探究和设计制作,具体目标如下。

(1)通过搜集资料、访问、实地考察等方式让学生了解有关端午节的知识,如习俗、故事。

(2)能够合理分工,配合表演,能在原作品基础上,进行有创意的设计和创作;能在对端午节有较多了解的基础上,举办端午节知识竞赛。

(3)增强民族责任心和自豪感,加深对中国传统节日的了解和认识,提升学生收集资料和整理资料的能力。

(4)培养与人合作的意识和团结协作、勇于创新精神,提高探究能力、实践能力,增强社会责任感和民族自豪感。

（二）单元作业目标

活动一：故事里的端午节

（1）能够通过多种途径收集关于端午节的由来、习俗等故事。

（2）能从故事中了解人物的性格，体会人物的心情。

（3）激发民族情感和爱国热情。

活动二：巧手做龙舟

（1）通过查阅资料，知道龙舟的组成部分及特点。

（2）能够根据龙舟各组成部分的特点进行创意制作。

（3）培养学生搜集、分析、处理、加工和整理信息的能力以及团队合作精神，学会分享合作与交流的快乐。

活动三：端午小考场

（1）能根据自己对端午节的了解，设计一套知识竞赛题目。

（2）了解知识竞赛的活动规则，知道遵守规则是竞赛正常进行的保证。

（3）增强合作交流的意识和能力。

四、作业设计思路

本作业设计沿着"注重学生的差异性，作业设计的层次化"的思路，坚持以生为本、分层设计、拓展延伸、开放创新，以师生探究、自主学习等方式，分为4个课时内容，设置基础性作业、综合运用性作业、探究拓展性作业、实践拓展性作业等。采用多种题型，激发学生的学习乐趣，使学生更好地理解章节的核心主题，让不同层次、不同水平的学生都能体会到成功的乐趣，根据自己的情况有选择性地做。基于单元一体化的视角，各板块的作业既独立承担功能又相互联系，梯度推进，形成完整统一的作业体系，促进本单元学习目标的达成。

五、单元作业安排

（一）基础性作业

1.端午小故事我知晓

每年的农历五月初五是我国的传统节日"端午节"，端午节这天我们有很多风俗习惯。同学们知道关于端午节的由来或习俗的哪些故事？故事的内容分别是什么？请同学们借助互联网查阅、图书资料翻阅等途径进行调查了解，先完成表格内容。

端午节小故事	
端午节的由来	
端午节的习俗	

【作业分析与设计意图】

此部分内容通过课前收集有关端午节由来和习俗的资料，了解和端午节有关的历史人物及相关故事或传说，激发学生的民族情感和爱国热情。

2. 龙舟资料我收集

搜集相关赛龙舟的图片、文字内容，并将搜集的资料进行分类，总结出赛龙舟的历史及活动特点。

【作业分析与设计意图】

此部分内容通过收集有关端午节划龙舟的相关资料，通过整理资料，知道龙舟的组成部分及特点。

3. 知识竞赛我筹备

请同学们进行小组合作、了解和收集知识竞赛开展的资料，了解竞赛的相关规则、形式。

【作业分析与设计意图】

此部分内容通过收集端午知识竞赛的相关资料，了解竞赛的形式内容。

(二)综合运用性作业

1. 端午历史人物收集会

小组合作分工，选择一个与端午节有关的历史人物主题，进行资料搜集，并整合资料内容，进行"端午历史人物搜集会"。

活动主题	活动内容	搜集内容
人物一	屈原	
人物二	伍子胥	
人物三	曹娥	

【作业分析与设计意图】

此部分内容通过收集组织学生对与端午节有关的历史人物主题。

2. 巧手做龙舟

了解龙舟的外形是什么样的,由哪几部分组成。思考如何采用纸板、泡沫塑料、塑料瓶进行龙舟制作。小组合作制作并展示,看看哪个小组完成得最好。

【作业分析与设计意图】

此部分内容通过收集资料,了解龙舟的特点,激发学生制作龙舟兴趣,学生小组合作设计制作方案,共同完成龙舟的制作。

3. 竞赛考题我会出

小组进行讨论,围绕本单元3个课时知识点,想一想可以出哪些题目,能设计出多少种不同的题目形式。

知识竞赛题目	题目内容
形式一	
形式二	
形式三	

【作业分析与设计意图】

此部分内容通过让学生制定竞赛环节和规则,初步了解竞赛活动的规则。

（三）探究拓展性作业

1. 端午故事我来演

同学们搜集了关于端午节的相关知识,请以小组为单位进行合作,选取一个最感兴趣的习俗故事进行合作表演。其余同学担任小评委,对表演小组进行评分,选取出最受欢迎小组。

评分标准	评分星级:☆☆☆☆☆
习俗故事情节复述完整详细、形象特点鲜明	
表演生动有趣、语言表达流畅	
衣着端庄得体、道具准备充足	

【作业分析与设计意图】

通过学生的小组合作表演,培养学生分工意识、合作意识及团结与创新的精神。

2. 端午绘画我创作

请同学们根据所学的知识内容,以"端午节"为主题进行创作绘画,完成一幅创意创新的绘画作品。

【作业分析与设计意图】

此部分作业内容通过创意绘画,采用跨学科形式,增强学生的综合素养,提升学生的审美能力,在绘画操作中深化学生对端午节知识的理解。

（四）实践拓展性作业

班级内举行一次"端午小考场"的知识竞赛，请同学们积极参与，根据每个小组设计的题目开展知识竞赛。

【作业分析与设计意图】

通过创办知识竞赛活动，知道遵守规则是活动正常进行的保证。

第五章　小学综合实践活动实践育人与课程实施

实践育人的重要性在当今各学科的教学改革中日益凸显,小学综合实践活动实践育人与课程实施密切相关。实践育人与课程实施是相辅相成的,充分利用网络资源、动态资源、政策资源以及四方联动等手段,可以推动课程的高质量实施,实现实践育人的目标。同时,实践育人也有助于提高课程实施的效果,促进学生德智体美劳全面发展。学校、教师作为推动课程实施的重要建构者和参与者,应当肩负起综合实践活动实践育人课程常态、高效实施的重要职责。

第一节　网络资源助推小学综合实践活动实践育人课程实施

综合实践活动是从学生的真实生活和发展需要出发,从生活情境中发现问题,转化为活动主题,通过探究、服务、制作、体验等方式,培养学生综合素质的跨学科实践性课程。在综合实践活动教学过程中,学生既是教育的对象,又是知识建构的主体。

网络资源是实践育人与课程实施的重要工具。随着互联网技术的发展,越来越多的优质教育资源可以通过网络平台传播,为学生提供了更多的学习选择。教师可以利用网络资源,设计丰富多样的实践活动,激发学生的学习兴趣,提高实践能力。同时,网络资源也可以为家长和学校提供便捷的教育支持,共同参与学生的成长过程。充分挖掘和合理利用丰富的网络资源,成为充实小学综合实践活动资源和优化教学结构的一种重要方式,为综合实践活动课程带来了极大的创新空间,可有效助推小学综合实践活动实践育课程的常态化实施。

(一)借助网络资源灵活策划选题

开展综合实践活动,良好的开端是成功的一半。综合实践活动的选题,直接影响着学生自主探究学习活动的方向和质量,凸显综合实践活动自主性的的课程特点。学生由于年龄的特点、知识结构及认知规律的不同,很多主题想探究而又无从下手。而丰富的网络资源具有动静结合、图文并茂、资料齐全的特点,教师通过创设问题情境,合理利用网络中的热点新闻、热点话题、热点事件,弥补地域条件的限制,帮助学生确定研究方向,灵活策划选题,激发学生探究的欲望,充分体现学生的主体地位,助推综合实践活动常态化。

1.转变教师身份

活动选题,教师可以转变身份,做一名不怕"麻烦"的有心人。在策划选题前教师应身体力行,让自己成为一名学生、一名参与者,学会以学生的身份与同学们相处,共同活动。课后备课时,教师依然得把自己转变成一名学生,从学生的角度去审视活动,去搜集学生感兴趣的资料。例如,教师备课《猜猜我是谁》时,正值电影《小黄人大眼萌》上映,看着可爱的大眼萌娃小黄人,与邻座的孩子讨论电影中有趣的一幕,就能得到一点小启发:这就是孩子感兴趣的主题。

2.利用热门话题,灵活选题

电视、电脑、手机已走进千家万户。特别是手机的使用,容易分散学生的注意力:发信息,忙追星,玩手游。教师可以抓住契机,开展"我们怎么追星""网络的利与弊"综合实践活动,引导学生正确使用网络资源,客观理性追星,做到网络为我所用,好学上进。

3.借力传统节日,灵活选题

网络时代,人们的沟通越来越丰富多样。教师可以充分利用网络资源,借助春节、端午节、中秋节等传统节日,开展有意义的综合实践主题活动,让孩子们学习了解各地传统文化、风俗习惯、中西文化差异等。这样灵活地借助传统节日进行选题策划,学生的活动兴趣自然浓厚。

(二)借助网络资源丰富知识

1.丰富学生知识

学生选题后,开展综合实践活动需要收集大量与该课题相关的资料进一步探究,找出解决问题的方法。收集资料的方法有网络收集、实地探查、调查访问等。基于教师组织学生外出安全问题的考虑,一般学校和教师比较少选用外出参观考察的形式,取而代之的是更为高效便捷的网络资源搜集。网络资源为学生的研究活动提供了有力支持,学生可以运用网络中的电子文献、数据库等进行大量的收集检索,整理提炼,做好综合实践活动课题探究前的知识铺垫。

在开展"月圆中秋节"系列综合实践活动中,学生利用网络资源收集的资料有文字、图片及视频等,并进行归纳整理。

2.丰富教师知识

对于教师教学而言,丰富的网络资源为教师开展综合实践活动的知识讲授和指导提供了便利,教师可以利用网络中的现成资源为学生进行现场展示。教师开展《神奇的速叠杯》这样需要动手操作的活动,教师可以下载并播放基本的两杯和三杯叠法视频,让学生边学边做,不仅大大增强学生动手实践的兴趣,还可以改变过去教师满堂灌的现状,变成师生、生生互动生成的常态课堂。

(三)借助网络资源灵活交流,助推小学综合实践活动常态化

在综合实践活动常态课堂中,交流讨论是重要的活动环节,是师生互动、生生互动的体现,也是智慧的火花发生激烈碰撞、灵动课堂动态生成的关键时刻。

1.打破时空界限

教师在活动中的指导,可以运用网络资源来协助。比如学生课后或者独立完成的,遇到困难需要教师指导时,学生可以运用网络平台,与教师、家长、同学进行视频聊天、语音聊天,有针对性地解决活动过程中遇到的问题,甚至可以引导学生利用专业网站资源,在线得到专业教师或专业人士的帮助。

2. 突破心理界限

开展综合实践活动，由于受到时间和学生个性等方面问题的限制，有些胆小的学生没有机会或不敢交流展示，还有些不爱发言交流。这时就可以通过微信群、QQ群、微博等网络交流平台，把课堂上没有解决的活动或讨论不充分的问题在相关平台中提出。这样，各种个性的学生都可以畅所欲言，充分发表自己的见解，突破生生之间、师生之间的心理界限。还可以利用博客、班级论坛等让学生得到更多交流讨论的机会，让那些不善于上台展示交流的学生有锻炼机会，思维火花在交流平台中不断拓展延伸，促进探究活动的进一步改进和完善，真正实现师生、生生之间零距离、无障碍的交流碰撞。

3. 利用平台工具

传统课堂里，教师更多的是口头讲述、现场演示，或者通过幻灯片来交流分享师生的制作结果，而教师演示的位置、角度的不同，往往会导致一些孩子没能看到或听清实际操作，从而影响了活动课堂的教学效果。"互联网+"时代，QQ、微信可以帮助教师将学生设计制作的作业、制作过程等用手机拍摄，同时利用文件传输助手传到多媒体屏幕进行展示。在开展上海科技出版社三年级上册的《玩石头》活动，教师可以展示课前收集到的各式各样的石头图片，还可以用幻灯将准备的各种小石块进行单个投影，激发学生的兴趣，接着引导学生用自己带来的小石头进行图案设计、拼摆，再用手机把视频或图片传输到屏幕进行现场展示，这样的交流展示让学生看得明白，听得清楚，省时、高效、灵动。

（四）借助个性展示

在综合实践活动常态课堂中，汇报展示是一项重要的活动，是学生活动智慧的呈现，也是教师进行活动评价和活动效果监测的手段之一。交流的形式要多样，既符合活动的主题，又要真实地反映学生的独特体验、收获。做好汇报展示环节显得尤为重要，师生可以借助网络平台和信息技术手段，利用 PPT 课件展示，将探究活动过程的方案、反思、照片及视频展示出来。在开展《小魔术探秘》活动中，学生小组汇报"明日环"小魔术表演过程时，教师可以借助两台手机从不同角度进行拍摄，然后把视频传输到屏幕上，引导学生从不同角度观察演示过程，当学生看不明白时，还可运用慢动作播放还原"明日环"掉落并套进链子的过程。

（五）借网络资源拓展延伸

综合实践活动中产生的许多生成性的问题，由于课堂时间，学习内容和知识的限制，无法当堂完成。因此，教师可以引导学生在课后延伸拓展中，运用网络资源去收集更多的知识，获取更多的解决方法，寻求教师家长等更多的帮助途径，真正实现课堂有限，活动无限。

第二节　动态资源助推小学综合实践活动实践育人课程实施

动态资源是实践育人与课程实施的重要支撑。动态资源包括实践活动中的各种资源，如实验设备、实验材料、实验场地等。教师需要根据课程目标和学生的实际需求，合理配置动态资源，确保实践活动的顺利进行。同时，动态资源也需要不断更新和优化，以适应时代的发展和教育的要求。

综合实践活动课堂是生动的、生成的、开放的、和谐的、充满活力的。下面以设计制作类活动的动态生成性资源为例，阐述教师在设计制作类活动中如何关注学生动态生成性资源，善于运用学生的生成构建师生灵动课堂的方法路径。

（一）关注动态生成性资源

1. 体现综合实践活动课程特点

综合实践活动课程是一门培养学生探究精神和主动实践的课程。首先，活动的组织要关注学生的生成性目标，从价值体认、问题解决、创意物化、责任担当等目标出发，提升学生综合能力，拓展学生思维。其次，综合实践活动的设计制作类活动，是学生综合运用各种工具，借助信息技术等方法进行设计，手脑并用，将自己的创意、作品、活动方案变成现实，进行创意物化的过程。活动的生成，能充分体现综合实践活动课程实践性、自主性、探究性、开放性的课程特点。

2. 体现综合实践活动学生主体

综合实践活动的组织重视学生的自主性,设计制作活动亦如此。在主题选择和活动内容开发时,要从学生的发展出发,选择切合学生生活实际而感兴趣的活动主题。同时,要善于捕捉和利用课程实施过程中生成的有价值的问题,通过动手操作实践,初步掌握手工设计与制作方法,实现创意物化的目标。

每个学生的家庭成长环境不同,社区生活环境不同,城乡学校学习环境不同,班级团体不同,认知水平不同,思维水平不同,每个孩子都是独一无二的。开展综合实践活动必须以学生为主体,关注每个独特个体的动态生成性资源,创造性地组织学生开展活动。

3. 提高设计制作课堂活动效率

综合实践活动教学是一个开放的、动态发展的过程,活动中教师和学生因素会生成许多新的动态性课程资源。这些动态生产性资源是构建综合实践活动设计制作类灵动课堂的基础,蕴含丰富的学科实践育人教学价值,能够提升学生的问题解决和创意物化的劳动素养和动手能力,提升课程教师活动组织能力和课堂活动效率,更好地达成活动目标。

(二)捕捉动态生成性资源

1. 在活动准备中捕捉动态生产性资源

在活动准备阶段,教师要结合学生年龄特点、生活经验、知识储备,为学生创设活动主题选择的情境和氛围,鼓励学生大胆提出感兴趣的、便于操作的问题,并根据学生动态生成的问题组织学生开展探究活动。

以《设计未来校园》活动为例,先让学生考察校园建筑、操场布局、活动设施及分布、场室功能、绿化建设等情况,再引导学生提出感兴趣的问题:未来校园的外观布局你想设计成什么样的? 你觉得未来校园的绿化布局怎样设计更美观? 艺体楼功能室可以怎样更具科技感? 你能和 6 人小组完成未来学校的设计草图并写出设计说明吗? 最后,活动教师根据各组学生的这些动态生成的创意资源,引导学生进行整理归纳,为设计活动的开展埋下伏笔,做好铺垫。

2. 在激趣导入中捕捉动态生产性资源

组织学生开展设计制作活动,教师善于在激趣导入环节中捕捉动态生成性资源,为顺利有效地开展活动做好铺垫。苏联教育家赞可夫说:"教学法一旦触及学生的情绪和意志领域,触及学生的精神需要,这种教学方法就能发挥高度有效的作用。"

以《小精灵 大世界》设计制作活动为例,首先,教师导激趣:人之所以进化为人,在于学会使用工具;人类文明之所以不断进化的内在驱动力,恐怕就是人类与生俱来"不择手段地偷懒",恨不得一句话就能搞定需要的一切。如果你觉得这是痴人说梦,天方夜谭,那你就太小看了人类了。学生的兴趣一下被点燃:什么是人工智能? 未来的人工智能住宅是什么样子的? 人工智能走进生活的哪些方面? 教师及时捕捉这些动态生成性资源,创造灵动课堂,激发学生学习兴趣,从而提高课堂活动效率。

3. 在总结评价中捕捉动态生成性资源

在总结评价阶段,教师要指导学生选择视频展示、口头汇报、作品展示等结果呈现方式,鼓励多种形式的结果呈现与交流,提升个体经验,促进知识建构。教师在进行《校园分类垃圾箱》总结评价时,引导学生从是否便于投放垃圾、容易识别垃圾种类、科学性、美观性进行评价。各组学生设计方案动态的交流、比较,思维的碰撞,心灵的交融,明白自己设计中的不足,在借鉴和交流中完善自己的设计。这些生成性资源,可以帮助学生提升学生实践体验感,培育学生勤于反思、善于归纳、敢于探索的素养,构建灵动课堂。

(三)活用动态生成性资源

教师不仅要善于从活动过程各个环节中敏锐地捕捉动态生成,还要善于灵动地转化和创造性地使用生成性资源,课堂的预设和生成就能有机融合,充满活力。

1. 用好教师资源

鲜活的课堂注重师生平等的互动与交流。活动中,教师充分发挥自身优势资源,就可以营造和谐的沟通交流氛围,凸显教师的主导作用。

以《创想交通工具》为例,在让学生交流交通工具的变迁时,教师从学生熟悉的语文课文《孔子拜师》导入:孔子当时从曲阜到洛阳拜老子为师,两地相距上千里,他当时乘坐马车,历尽千辛万苦。现在我们除了可以乘坐汽车,乘坐火车,乘坐飞机之外,还可以乘坐哪些交通工具呢? 如今的交通工具已是花样繁多:自行车、摩托车、轿车、房车、豪华客轮、高速飞机、太阳能飞机等。课堂顿时活跃而热烈起来,学生从中感受到祖国强盛带给人民的幸福。

2. 用好现场资源

综合实践活动主题的选择,注重从学生的生活实际出发,主题贴近学生生活。老师要充分利用活动现场的学生误答资源、教室场地资源、突发事件等动态生成性资源。

(1)善用现场错误资源。受认知水平和生活经验所限,学生学习中出现误答是必然的、真实的,这也是一种动态生成性资源。教师要根据学生的生成,进行资源转换和利用,课堂就可以活力四射。

以《巧手制作纸飞机》为例,学生在试飞前,教师让学生猜测纸飞机的飞行距离和哪些因素有关。讨论中,有的学生认为和投掷力度有关,有的认为和机型有关,有的认为和风向有关。学生的这些大胆猜测,有正确的,也有错误的,这些猜测中的错误资源,恰恰可以为学生的探究实践和问题解决做好铺垫,为学生主动探究、自主实践添加助燃剂。

(2)善用教室场地资源。教室的场地资源,学生再熟悉不过,有经验的教师不会轻易放过教室场地资源,并加以转换运用。

以上海科技教育出版社《生活中的灯》之"路灯巧设计"为例,在学生谈灯的认识时,为调动学生兴趣,教师引导学生寻找教室中的灯。学生兴趣高涨,四下寻找天花板的日光灯、投影仪的投影灯、教室走廊的安全通道指示灯、希沃一体机的电源指示灯、风扇开关指示灯等。教师及时捕捉这些生成性资源,并追问:灯在我们生活中无处不在,对这些形态各异的灯,你了解多少? 闭上眼睛想一想,如果没有灯,世界会变成什么样? 想不想当一回设计师,亲手设计几种灯具? 充分挖掘活动现场资源,并加以运用,使课堂更加灵动活泼。

教师要时刻营造民主开放的课堂氛围,在活动准备、情境导入、设计制作、展示评价活动各环节中,关注动态生成性资源,创设形式多样的生成情境,善于及时捕捉并运用灵动多样的动态生成资源,构建综合实践活动灵动课堂,提高综合实践活动效率,更好地做好学科实践育人工作,提升学生劳动能力和素养,促进学生生命个体健康全面地发展,落实立德树人根本任务。

第三节 政策资源助推小学综合实践活动实践 育人课程实施

政策资源是实践育人与课程实施的重要保障。政策资源包括政府、教育部门和学校等制定的相关政策,对实践育人的实施起到关键作用。政府需要加大对教育实践的支持力度,制定有利于实践育人的政策,提高教育实践的质量和水平。教育部 2017 年发布《中小学综合实践活动课程指导纲要》,要求从一年级至高三年级开设综合实践活动课程。

但从实施现状来看,有许多学校不够重视,未能认识课程在实践育人中的重要性。永安市从行政推动、工作室引领、活动推进三个层面助推小学综合实践活动的常态开展,使综合实践活动课程得到重视与落实。

一、行政推动

教育行政部门按照国家课程标准,建立课程管理和考核机制,督促各小学开齐开足各学科课程,保证课程开设质量。同时依托永安市第一中学"创思教育"国家级教育教学成果奖,在全市中小学全学科开展"创思教育"教师教学案例评比活动、教师教学比武活动、学生创思实践评比活动,这些是促进小学综合实践活动常态开展的有力保障。

二、工作室引领

教育主管部门和教师进修学校需要密切配合,共同组建综合实践活动名师工作室、青蓝工程工作室,工作室领衔人由综合实践活动省市学科带头人担任,成员从各学校综合实践活动专兼职教师中选拔,发挥团队引领作用。以少量的专兼职教师带动全市各小学更多的兼职教师共同参与到综合实践活动课程的开发和指导中,让更多的学校校长、教师尝试开展综合实践主题实践活动,体验教学方式和育人方式的变革,亲历学生能力的成长,感受课程的魅力。

三、活动推进

综合实践活动课程是一门跨学科实践性课程,也是一门"做"出来的课程。教育主管部门和学校要经常开展综合实践活动专题研讨活动和教师教学优质课评比活动、教师技能大赛评比活动,以赛促练,提升专兼职教师能力素养,重点打造综合实践活动课程特色学校,以点带面,带动更多的学校加深对课程重要性的理解和认识。

第四节　四方联动助推小学综合实践活动实践育人课程实施

小学综合实践活动的开展需要学生、教师、学校和家长的共同参与,形成四方联动,共同推动综合实践活动的常态化进行。学校作为综合实践活动的主导者,应制订相应的活动计划,提供必要的资源和支持。教师作为实践活动的指导者,应根据学生的年龄和兴趣,设计适合他们的实践活动,并给予适当的指导。学生作为实践活动的参与者,应积极参与实践活动,发挥自己的想象力和创造力。家长作为实践活动的重要支持者,应关注孩子的实践活动,给予适当的指导和帮助。同时,学校还应建立相应的评价机制,对学生的实践活动进行评价。评价应注重学生的实际能力和创新能力的培养,学校制定合理的教学目标和评价体系,注重学生的实践能力和创新能力的考核,而不仅仅是学习成绩。学校还应提供丰富的实践活动课程,鼓励学生自主选择和实践,以培养学生的兴趣爱好和特长。这样,才能真正实现综合实践活动的常态化开展。

同时,学校应加强对教师的专业培训和指导,提高教师在综合实践活动中的指导能力和教学水平。学校可以定期组织教师参加专业培训和研讨会,分享教学经验和教学方法,提高教师的实践能力和教学水平。此外,学校还应鼓励教师积极参与学生的实践活动,与学生共同探索和实践,以提高教师对实践活动的理解和指导能力。

学校在推进综合实践活动常态化开展的过程中,还应注重家长的支持和参与度。学校可以通过家长座谈会、家长学校、家长志愿者等形式,加强与家长的沟通和合作,让家长了解实践活动的内容和意义,提高家长对实践活动的支持和参与。同时,学校还应鼓励家长积极参与学生的实践活动,为学生提供更多的支持和帮助,形成学生主动探究的良好氛围,提高学生综合实践活动探究兴趣和实践能力。

探究活动案例一:关于大蒜种植环境的探究

永安市巴溪湾小学 四(3)班 陈庆烨
指导老师:张孝芬

一、种植计划

大蒜是我们生活中非常常见的蔬菜品种,人们做菜时,都离不开它。这么受青睐的大蒜是如何种的呢? 为了能了解大蒜,让大蒜生长得又快又优质,我对大蒜的种植环境做了以下探究的计划:

1. 种子准备

两个饱满的大蒜,尽量每颗粒为 3~5 克,白蒜最佳。

2. 水瓶准备

矿泉水瓶两个,剪刀一把。把矿泉水瓶从三分之一处剪开,撕开包装纸,把剪下来三分之一的瓶口倒扣在矿泉水瓶的另一头,加上水。把大蒜剥下来,选出蒜瓣饱满,颗粒较大的,将其一个个剥皮,把剥好的大蒜摆放在倒扣的瓶口里。

3. 观察准备

一瓶放在阳台,一瓶放在室内,观察两瓶大蒜每天的生长速度、叶面生长情况和根系情况,并做好记录,观察时间为 5 天。

4. 数据分析

观察记录分析,查阅相关资料,得出大蒜选种和种植环境的结论。

二、观察记录

观察时间	种植地点	
	室内	阳台
第1天 天气晴	蒜头冒出尖尖的嫩芽,嫩芽有5毫米长,呈现白色芽,蒜头底部还没长出根系	蒜头冒出尖尖的嫩芽,嫩芽长约7毫米,呈现绿色芽,蒜头底部没有根系
第2天 天气晴	蒜头出小嫩芽长了些,有1厘米长,嫩芽尾部有开裂,叶面白,底部根系1~2毫米	蒜头长出的小嫩芽生长了些,有2厘米长。嫩芽尾部有开裂,叶面绿色,底部根系1~2毫米
第3天 阴天,开始 降温	蒜头的嫩芽长出3厘米高,尖部有开裂,2片叶面,根系7~8毫米	蒜头的嫩芽长出3.5厘米高,尖部开裂,2片叶面分开,呈现深绿色。已长第3片叶面,根系7~8毫米
第4天 阴雨天, 持续降温	室内温度13℃,蒜头的嫩芽长出4.5厘米高,尖部有开裂,长出第3片叶面,根系大约1.2厘米	蒜头的嫩芽长出5厘米高,尖部开裂,两片叶面分开,呈现深绿色。已长第3片叶面,根系大约1.3厘米
第5天 阴雨天, 持续降温	室内温度12℃,蒜头的嫩芽长出6厘米高,尖部有开裂,2片叶面,呈现浅绿色,根系大约2厘米	蒜头的嫩芽长出6厘米高,尖部有开裂,3片叶面,呈现深绿色,根系大约2厘米

三、我的发现

在5天的观察中,我发现放在阳台的大蒜,在前两天晴天有阳光的时候,长势更好,根系也更发达,而且叶子也是绿色的。而放在室内的大蒜,前三天长势更慢一些,叶子是浅绿偏白色,根系长度更短些,这说明大蒜在阳光的影响下,长势更好。由于后两天急速降温,室外的大蒜生长速度变慢,室内的大蒜基本快跟上室外大蒜的速度,唯一的差别在于他们的颜色不同,这也说明了大蒜生长速度跟温度有很大的关系,在适宜的温度下,大蒜生长会更优质,更快。

四、结论

综上所述,大蒜的种植要在适当的阳光和温度下,适当的水分下,可以生长得更好,更优质。从季节来看,适当阳光和温度,适当水分的季节正是我们的秋天,秋天是大蒜种植生长的最佳时节。

查阅资料:大蒜是喜光作物,最好的生长环境是每天 8 小时的直射阳光,此外可以逐渐过渡到更暗淡的光线状态。同时大蒜也是喜温作物,并且适合在地温为 12 ℃～22 ℃时生长,过高或过低的温度会影响植物的生长和发育。大蒜需要适量的水分,保持土壤湿润,应当避免过度浇水,以免植物过于潮湿,导致腐烂。在种植大蒜的过程中还要注意防虫和施肥,大蒜如果不重视防虫,大蒜品质就会下降,因此定期施有机肥可以让大蒜更优质。

探究活动案例二:永安市巴溪湾小学五年段学生近视情况探究

永安市巴溪湾小学 廖羽茜
指导老师:张孝芬

一次偶然看到一篇报道,我发现全国小学生近视情况很严重,真有这么高的近视率吗?带着疑问,我仔细观察本班同学,居然有 16 名同学是“小眼镜”,占了班级人数约三分之一,于是我想进一步了解五年段和全校学生的近视情况。带着这些问题,我的探究活动如下。

一、设计问卷

1.设计调查问卷

引导语:本问卷是为了了解五年段近视情况,采用不记名形式,3～4 分钟即可写完,请按照实际情况填写。

(1)你有没有近视?(　　　)

A.有　　　　　　　　B.没有

(2)你什么时候开始近视?(　　　)

A.小学前　　　　　　B.一年级　　　　　　C.二年级

D.三年级　　　　　　E.四年级　　　　　　F.五年级

(3)你认为是什么原因造成自己近视的?(多选)(　　　)

A.遗传　　　　　　　B.用眼过度　　　　　　C.使用电子产品时间长

D.坐姿不正确　　　　E.其他

(4)你认为近视带给你多少不便?(多选)(　　　)

A. 每天都要戴眼镜　　　　B. 看不清　　　　　　　C. 要经常去复查

D. 浪费钱　　　　　　　　E. 不方便运动　　　　　F. 其他

(5)你平时写作业用多长时间？（　　　）

A. 1 小时　　　　　　　　B. 1~1.5 小时　　　　　C. 1.5 小时以上

(6)你是否经常在昏暗的环境下看书？（　　　）

A. 是　　　　　　　　　　B. 否

(7)你用哪些方法保护眼睛？（多选)(　　　)

A. 户外活动 1~2 小时　B. 不在昏暗的环境下看书　C. 坐姿端正

D. 定期检查　　　　　　　E. 做眼保健操　　　　　F. 营养均衡

G. 睡眠充足　　　　　　　H. 不过度用眼　　　　　I. 其他

(8)你近视多少度？（　　　）

A. 50~150 度　　　　　　B. 150~300 度　　　　　C. 300 度以上

2. 发放调查问卷

本次调查问卷采用"接龙管家"进行,通过年段长向各班级发放调查问卷,从五年段开始,再进行全校学生近视情况调查。

二、数据记录

对五年段 624 位学生近视情况的调查通过"接龙管家"App 进行数据收集和统计。

第一题:你有没有近视？数据显示:近视学生 230 人,未发现近视的学生 394 人。

第二题:你什么时候开始近视？数据显示:小学前近视 19 人,一年级近视 20 人,二年级近视 44 人,三年级近视 51 人,四年级近视 60 人,五年级近视 36 人。

第三题:你认为是什么原因造成自己近视的？（多选)数据显示:遗传因素 65 人,用眼过度 146 人,长时间使用电子产品 130 人,坐姿不正确 160 人,其他 11 人。

第四题:你认为近视带给你多少不便？（多选)数据显示:每天需要戴眼镜 173 人,看不清 136 人,要经常去复查 128 人,浪费钱 78 人,不方便运动 158 人,其他 7 人。

第五题:你平时写作业用多长时间？数据显示:1 小时 86 人,1~1.5 小时 237 人,1.5 小时以上 301 人。

第六题:你是否经常在昏暗的环境下看书? 数据显示:选是的 44 人,选否的 580 人。

第七题:你用哪些方法保护眼睛?(多选)数据显示:每天户外运动 505 人,不在昏暗环境下看书 552 人,定期视力检查 480 人,做眼保健操 542 人,营养均衡 424 人,睡眠充足 498 人,不过度用眼 505 人。

第八题:你近视多少度? 数据显示:50~150 度 103 人,150~300 度 86 人,300 度以上 41 人。

三、数据分析

五年级学生近视230人,二、三、四年级近视呈上升趋势,五年级趋缓,作业时间 1 小时以上538 人(作业时间偏长),大多同学知道护眼方法,护眼意识较高。

四、我的建议

护眼要做到:多锻炼,营养均衡,劳逸结合,养成良好用眼习惯。

五、我的收获

通过本次调查研究活动,我掌握了调查问卷设计、调查问卷发放、数据回收整理、数据分析等方法,增强沟通和协作能力。

第六章　小学综合实践活动实践育人与劳动教育

　　小学综合实践活动在实践育人与劳动教育课程目标和课程理念上都强调通过实际操作和亲身体验，培养学生的动手能力、团队协作能力和创新思维，行知合一。这一教育理念和模式在课程实施中具有重要的意义，实践育人与劳动教育在小学阶段尤为重要。因为，实践育人与劳动教育也是小学阶段课程设置的重要组成部分，学生正处于身心发展的关键时期，需要在人与自然、人与社会、人与自我的各类实践活动中来培养习惯、锻炼身体、提升能力，塑造自己，实现树德、增智、强体、育美的目的。本章重点讲述劳动教育的课程性质、理念，综合实践活动与劳动课程的关系、整合实施，提升学生劳动素养的具体路径。

第一节　劳动教育的内涵

　　中外教育家历来非常重视学生劳动技能素质的培养。早在文艺复兴时期，法国教育家拉伯雷就重视体验教育，主张学生要亲自参与实践，参加劳动来进行学习操作。夸美纽斯也曾在他的《大教育论》中特别强调"为生存而学习"。而马克思主义则认为，"教育会产生劳动能力"，在合理的社会制度下，劳动已不仅是谋生的手段，而且已经成了生存的第一需要。

　　陶行知先生发展了杜威实用主义教育理论，创造性地提出并科学实践了"生存即教育""社会即教育""教学合一"的生活教育理论。这些都足以证明，无论发达国家还是发展中国家，都把加强劳动技术素养教育作为教育改革的重点。我国目前的教育水平、科技水平包括创新能力同发达国家相比还是有一定差距,面对世界发展的新形势,我国对培养学生劳动技能素质提出新的要求。

苏霍姆林斯基谈"劳动素养"一词时提到在"劳动素养"这个概念里,不仅包括完善实际技能和技巧,掌握技艺,而且包括劳动活动在人的精神生活中的作用和地位,包括劳动创造活动的智力充实性和完满性、道德丰富性和公民目的性。习近平总书记在 2018 年召开的全国教育大会上强调,"要在学生中弘扬劳动精神,教育引导学生崇尚、尊重劳动"。

劳动教育的理论内涵包括劳动教育的本质、目标、途径和意义等几个方面,通过劳动教育,学生可以获得丰富的实践经验和实际操作能力,培养自主性、创新性、实践能力和团队合作精神等素质,有助于提高学生的综合素质和实践能力,有助于培养学生的社会责任感和公民素质,有助于提高学生的家庭责任感和家庭意识,有助于提高学生的就业竞争力和创业能力。

一、劳动课程的性质和理念

(一)课程性质①

劳动是创造物质财富和精神财富的过程,是人类特有的基本社会实践活动。劳动教育是发挥劳动的育人功能,对学生进行热爱劳动、热爱劳动人民的教育活动。劳动教育是中国特色社会主义教育制度的重要内容,是全面发展教育体系的重要组成部分,对全面贯彻党的教育方针、落实立德树人根本任务、培养德智体美劳全面发展的社会主义建设者和接班人具有重要的意义。

劳动课程是实施劳动教育的重要途径,具有鲜明的思想性、突出的社会性和显著的实践性,在劳动教育中发挥主导作用。义务教育劳动课程以丰富开放的劳动项目为载体,重点是有目的、有计划地组织学生参加日常生活劳动、生产劳动和服务性劳动,让学生动手实践、出力流汗,接受锻炼、磨炼意志,培养学生正确的劳动价值观和良好的劳动品质。

劳动教育是一种通过劳动实践来培养人的教育形式,其本质是通过劳

---

① 选自《义务教育劳动课程标准(2022 版)》。

动实践来培养人的自主性、创新性、实践能力和团队合作精神等素质。小学劳动课是一门面向学生日常生活世界,强调动手实践和体验的课程,重在培育学生劳动习惯、劳动意识、劳动品质,注重提升日常生活所需的基本技能。

(二)课程理念①

1.坚持育人导向

以习近平新时代中国特色社会主义思想为指导,注重挖掘劳动在立德、增智、强体、育美等方面的育人价值,将培养学生的劳动观念、劳动精神贯穿课程实施全过程,引导学生树立正确的劳动价值观,崇尚劳动、尊重劳动,增强对劳动人民的感情,发展创新意识,提升实践能力和社会责任感,成为懂劳动、会劳动、爱劳动的时代新人。

2.构建以实践为主线的课程结构

围绕日常生活劳动、生产劳动和服务性劳动,根据学生经验基础和发展需要,以劳动项目为载体,以劳动任务群为基本单元,以学生经历体验劳动过程为基本要求,构建覆盖三类劳动,学段进阶安排有所侧重的课程结构。

3.加强与学生生活和社会实际的联系

课程内容选择应坚持因地制宜,宜工则工,宜农则农。注重培养学生自理、自立能力,选择日常生活劳动内容;注重从时令特点和区域产业特色出发,选择工农业生产劳动内容;注重培养学生社会责任感,选择学生力所能及的公益劳动和现代服务业劳动内容;注重选择体现中华优秀传统文化和工匠精神的手工劳动内容,适当引入体现新形态、新技术、新工艺等的现代劳动内容。

4.倡导丰富多样的实践方式

劳动课程强调学生直接体验和亲身参与,注重动手实践、手脑并用,知行合一、学创融通,倡导"做中学""学中做",激发学生参与劳动的主动性、积极性和创造性。注重引导学生从现实生活的真实需求出发,亲历情境、亲手操作、亲身体验,经历完整的劳动实践过程,避免单一、机械的劳动技能训

---

① 选自《义务教育劳动课程标准(2022版)》。

练,避免简单的劳动知识讲解,避免缺少实践、过于泛化的考察探究。注重引导学生通过设计、制作、试验、淬炼、探究等方式获得丰富的劳动体验,习得劳动知识与技能,感悟和体认劳动价值,培育劳动精神。

5. 注重综合评价

注重评价内容多维、评价方法多样、评价主体多元。既要关注劳动知识技能,更要关注劳动观念、劳动习惯和品质、劳动精神;既要关注劳动成果,更要关注劳动过程表现。重视平时表现评价与学段综合评价结合,定性评价与定量评价结合。以教师评价为主,鼓励学生、其他学科教师、家长等参与到评价中。

6. 强化课程实施的安全保障

重视劳动课程的安全保障体系建设,强化学生劳动安全意识的培养,注重劳动课程实施中工具、材料、流程及场所的安全保障,制订劳动实践活动风险防控预案并建立应急与事故处理机制,确保劳动课程安全有序实施。

二、劳动课程目标[①]

(一)核心素养内涵

劳动课程要培养的核心素养即劳动素养,主要是指学生在学习与劳动实践过程中逐步形成的适应个人终身发展和社会发展需要的正确价值观、必备品格和关键能力,是劳动课程育人价值的集中体现,主要包括劳动观念、劳动能力、劳动习惯和品质、劳动精神。

1. 劳动观念

劳动观念是指在劳动实践中逐渐形成的,对劳动、劳动者、劳动成果等方面的认知和总体看法,以及在此基础上形成的基本态度和情感。主要表现为:学生能尊重劳动,尊重普通劳动者,了解不同职业劳动者的辛苦与快乐,理解"三百六十行,行行出状元"的道理;能正确理解劳动对于个人生活、家庭幸福、社会进步、国家富强和人类发展的意义,懂得劳动创造人、劳动创

---

① 选自《义务教育劳动课程标准(2022 版)》。

造财富、劳动创造美好生活的道理;能崇尚劳动,牢固树立劳动最光荣、劳动最崇高、劳动最伟大、劳动最美丽的观念。

2.劳动能力

劳动能力是指顺利完成与个体年龄及生理特点相适宜的劳动任务所需的胜任力,是个体的劳动知识、技能、行为方式等在劳动实践中的综合表现。主要表现为:学生具备基本的劳动知识和技能,能正确使用常用的劳动工具;能在劳动实践中增强体力,提高智力和创造力,具备完成一定劳动任务所需要的设计能力、操作能力及团队合作能力。

3.劳动习惯和品质

劳动习惯和品质是指通过经常性劳动实践形成的稳定行为倾向和品格特征。主要表现为:学生具有安全劳动、规范劳动、有始有终等习惯;养成自觉自愿、认真负责、诚实守信、吃苦耐劳、团结合作、珍惜劳动成果等品质。

4.劳动精神

劳动精神是指在劳动观念、劳动能力、劳动习惯和品质的培养过程中形成和发展的,在劳动实践中秉持的关于劳动的信念信仰和人格特质。主要表现为:学生能领会"劳动是一切幸福的源泉""幸福是奋斗出来的"的内涵与意义;继承中华民族勤俭节约、敬业奉献的优良传统;弘扬开拓创新、砥砺奋进的时代精神;感知爱岗敬业、甘于奉献的劳模精神;培育百折不挠、艰苦奋斗的革命精神,以及精益求精、追求卓越的工匠精神。

核心素养的四个方面相互联系、相辅相成,构成一个有机整体。

(二)总目标

1.形成基本的劳动意识,树立正确的劳动观念

形成对劳动与人类生活、社会发展、个人成长之间关系的正确认识,懂得人人都要劳动、劳动创造财富、劳动创造美好生活等基本道理;体验劳动的艰辛和快乐,形成劳动效率意识、劳动质量意识;具有热爱劳动、热爱劳动人民、尊重普通劳动者的积极情感;树立劳动最光荣、劳动最崇高、劳动最伟大、劳动最美丽的观念。

2.发展初步的筹划思维,形成必备的劳动能力

能从目标和任务出发,系统分析可利用的劳动资源和约束条件,制定具体的劳动方案,发展初步的筹划思维,发展基本的设计能力;能使用常用工具与基本设备,采用一定的技术、工艺与方法,完成劳动任务,形成基本的动手能力;能综合运用多学科知识和多方面经验解决劳动中出现的问题,发展创造性劳动的能力;在劳动过程中学会自我管理、团队合作。

3. 养成良好的劳动习惯,塑造基本的劳动品质

能自觉自愿地劳动,养成安全规范、有始有终的劳动习惯;体悟劳动成果的来之不易,珍惜劳动成果;能辛勤劳动、诚实劳动、协作劳动和创造性劳动,养成吃苦耐劳、持之以恒、责任担当的品质。

4. 培育积极的劳动精神,弘扬劳模精神和工匠精神

通过持续性劳动实践,培养勤俭、奋斗、创新、奉献的劳动精神;具有继承中华民族勤俭节约、敬业奉献优良传统的积极愿望;弘扬爱岗敬业、甘于奉献的劳模精神和精益求精、追求卓越的工匠精神;具有不畏艰辛、锐意进取、为社会发展和国家建设付出辛勤劳动的奋斗精神。

(三)学段目标

1. 第一学段(1—2年级)

(1)懂得人人都要劳动、劳动成果来之不易的道理。初步感知劳动的艰辛与乐趣,学会尊重他人的劳动付出。喜欢劳动,具有主动劳动、积极参加劳动的愿望。

(2)完成比较简单的个人物品整理与清洗,居室、教室等卫生保洁、整理与收纳,以及垃圾分类等劳动任务,参与简单的家庭烹饪。形成"自己的事情自己做"的意识,具有初步的个人生活自理能力。

(3)关心、照顾身边常见动植物,初步形成关爱生命、热爱自然的意识。参与简单的手工制作活动,初步学会规范使用相应工具。对工艺制作具有一定的好奇心。

(4)参与班级集体劳动,主动维护教室内外环境卫生,初步形成以自己的劳动服务他人的意识。

(5)在劳动过程中遵守纪律,不怕脏、不怕累,具有初步的劳动安全意识,初步养成有始有终、认真劳动的习惯。

2. 第二学段(3—4 年级)

(1)懂得"一分耕耘,一分收获"的道理。体会劳动光荣、劳动无高低贵贱之分的道理,认识到美好生活离不开各行各业的劳动者。尊重劳动,尊重普通劳动者,初步形成热爱劳动的态度。

(2)养成良好的个人清洁卫生习惯。认识常用家用器具,掌握家用小器具的使用方法,具有家用电器使用安全意识和初步的器具保养意识。主动分担家务,协助参与家庭环境卫生清洁,能制作简单的日常饮食,初步学会简单的家务劳动技能,形成生活自理能力。

(3)初步体验简单的种植、养殖、手工制作等生产劳动,能规范地使用常用的劳动工具,了解常用材料的作用与特征,对劳动过程中遇到的问题具有好奇心和探究欲望。

(4)参加校园卫生保洁、垃圾分类处理、绿化美化等劳动,适当参加社区环保、公共卫生维护等力所能及的公益劳动,初步体验简单的现代服务业劳动,初步形成公共服务意识。

(5)懂得在劳动中遵规守约,初步学会与他人合作劳动。珍惜劳动成果,初步养成有始有终、专心致志的劳动习惯和品质。

(6)在劳动过程和日常生活中做到勤俭节约、不怕困难。

3. 第三学段(5—6 年级)

(1)懂得劳动创造财富、劳动来不得半点虚假、"业精于勤荒于嬉"等道理。认识到劳动者是国家的主人,"三百六十行,行行出状元",体会劳动者的光荣与伟大。初步树立劳动最光荣、劳动最崇高、劳动最伟大、劳动最美丽的观念。

(2)掌握家庭生活中常用的清洁与卫生、整理与收纳基本技能。了解家庭常用器具的功能特点,规范、安全地操作与使用。初步掌握基本的家庭饮食烹饪技法,制作简单的家常餐,具有食品安全意识。进一步增强生活自理能力和家务劳动能力,初步具有家庭责任感。

(3)进一步体验种植、养殖、手工制作等生产劳动,能根据劳动任务选择合适的材料和工具、技术与方法,安全、规范、有效地开展劳动,初步养成持之以恒的劳动品质。

（4）主动参加校园卫生保洁和环境美化等劳动，积极参加社区环保、公共卫生维护等力所能及的公益劳动，进一步体验新技术支持下的现代服务业劳动，形成关爱他人、积极参与社区建设的劳动意识和能力，增强公共服务意识，初步形成社会责任感。

（5）根据劳动目标确定劳动任务，制订劳动计划，并根据劳动过程的进展情况适时优化调整，初步形成劳动效率意识和劳动质量意识，初步形成爱岗敬业、乐于奉献的精神。

（6）在集体劳动中团结协作，提升与他人合作劳动的能力。在劳动过程中自觉遵守劳动纪律，形成诚实劳动、合法劳动的意识。

（7）在劳动中主动克服困难，初步形成不怕辛苦、积极探索、追求创新的精神。

总而言之，劳动教育的目标是通过劳动实践来培养学生的自主性、创新性、实践能力和团队合作精神等素质，以提高学生的综合素质和实践能力。

三、劳动教育的意义

劳动教育是一种以劳动为主题的教育，培养学生的劳动意识和提升劳动能力，使他们能够在未来的工作和生活中更好地适应和发挥作用。当今社会的劳动教育重要性日益凸显，主要表现在以下几个方面。

1.培育学生的劳动意识和劳动精神

劳动教育可以让学生认识到劳动的重要性，了解各种职业的特点和要求，从而更好地认识自己的兴趣和特长，明确自己的职业规划，体验到劳动的艰辛和快乐，培养学生的劳动精神、增强劳动意识。

2.促进学生的全面发展

劳动教育不仅可以帮助学生提高劳动能力，促进他们的全面发展，还可以锻炼学生身体、增强体质，培养学生良好的生活习惯和健康的生活方式，培养学生的创造力、想象力和思维能力，提高学生的综合素质。

3.培养学生的责任感和担当精神

劳动教育可以让学生了解社会和职业的责任和担当，培养他们的责任感和担当精神。通过劳动教育，学生可以了解各种职业的工作内容和职责，明确自己的社会责任和担当，从而更好地发挥自己的作用。此外，劳动教育还可以让学生学会承担责任和面对挑战,提高他们的自我管理能力和应对能力。

4.促进学生的社会融入

劳动教育可以让学生更好地融入社会,培养他们的社会适应能力和合作能力。通过劳动教育,学生可以了解社会的需求和趋势,学会与他人合作,提高他们的沟通能力和协作能力,更好地适应社会的发展和变化。

5.促进学生的就业和发展

劳动教育可以为学生提供更多的就业和发展机会,提高他们的就业竞争力和职业发展能力。通过劳动教育,为学生提供更多的就业和发展机会,学生可以了解各种职业的特点和要求,明确自己的职业规划,提高自己的职业素养和能力。

第二节　劳动教育与综合实践活动课程的关系

当前,各学科教学都以立德树人为根本任务,学科之间的界限被打破,小学劳动教育课程和综合实践活动课程都是我国小学阶段教育的重要组成部分。《中共中央 国务院关于全面加强新时代大中小学劳动教育的意见》中强调设置劳动教育课程,根据各学段特点,在大中小学设置劳动教育必修课程,系统加强劳动教育。《中小学综合实践活动课程指导纲要》也强调坚持教育与生产劳动、社会实践相结合,充分发挥中小学综合实践活动课程在立德树人中的重要作用。劳动教育不仅是综合实践活动课程的重要内容,也是该课程重要的组织实施方式,实现劳动教育与综合实践活动课程相融合,做到互促互融,具有非常重要的教育意义。

一、劳动教育与综合实践活动课程的联系与区别

2020 年 7 月,《大中小学劳动教育指导纲要(试行)》关于劳动教育的总体目标,提出应使学生树立正确的劳动观念,具有必备的劳动能力,培育积极的劳动精神,养成良好的劳动习惯和品质,并指出主要内容包括"日常生活劳动、生产劳动和服务性劳动"。2022 年 4 月,教育部正式发布《义务教育劳动课程标准(2022 年版)》,规定 2022 年秋季开学起,劳动课将正式成为中

小学的一门独立课程。劳动从综合实践活动中独立出来,是否会取代综合实践活动呢?劳动教育和综合实践活动课程之间存在怎样的关系呢?

(一)劳动教育和综合实践活动的联系

小学劳动教育课程和综合实践活动课程都强调学生的动手能力、实践能力和创新能力的培养,都是小学阶段教育的重要组成部分。此外,这两个课程在教学目标、内容设置、实施方式等方面存在一定的联系。

1.劳动教育与综合实践活动都以价值体认为核心

综合实践活动与劳动都是国家规定必修课程,其根本任务都是坚持教育与生产劳动、社会实践相结合,强调实践育人。

劳动教育坚持育人导向,引导学生树立正确的劳动价值观,崇尚劳动、尊重劳动,增强对劳动人民的情感,发展创新意识,提升实践能力和社会责任感,成为懂劳动、会劳动、爱劳动的时代新人。学生在学习与劳动实践过程中,逐渐形成适应个人终身发展和社会发展需要的正确价值观,必备品质和关键能力等。

2.劳动教育和综合实践活动都以实践为主线

劳动教育提倡构建以实践为主线的课程结构,倡导丰富多样的实践方式。劳动还是育人目标"德智体美劳"全面培养体系当中的"五育"之一,根据各学科特点有机融入劳动教育的内容。围绕生活劳动、生产劳动和服务性劳动,根据学生经验和发展需要,以劳动项目为载体,以劳动任务群为基本单元,以学生经历体验劳动过程为基本要求,构建覆盖三类、十大任务群的课程结构。

综合实践活动课程是学校落实劳动育人的重要课程,通过探究、服务、制作、体验等方式,培养学生综合素质的跨学科实践性课程。活动是从学生的真实生活和发展需要出发,从生活情境中发现问题,转化为活动主题。综合实践活动是落实劳动教育的重要课程载体之一。

3.劳动教育的劳动类型和综合实践活动方式相互融合

劳动包括日常生活劳动、服务性劳动、生产劳动。而综合实践活动有四种主要的活动方式,即考察探究、设计与制作、社会服务、职业体验等,四种活动方式往往是融合实施的,不能割裂开来。

综合实践活动的理念与实施的核心是综合运用各学科知识通过考察、探究、实验等多种实践的方法解决生活中的实际问题。生活中的实际问题要通过实践、劳动来解决。劳动本身就是实践，这种实践不仅包括体力劳动，还包括社会服务、职业体验、设计制作、考察探究等多种形式，也是一种综合实践。

（二）小学劳动教育课程和小学综合实践活动课程的区别

虽然小学劳动教育课程和综合实践活动课程在教学目标、内容设置、实施方式等方面存在一定的联系，但它们也有明显的区别。具体来说，小学劳动教育课程更注重日常生活劳动技能的培养，而综合实践活动课程更注重实践性、综合性的学习活动。此外，小学劳动教育课程更注重学生的思想道德教育，而综合实践活动课程更注重学生的创新精神和团队协作能力的培养。

具体而言，小学劳动教育课程与综合实践活动课程的区别主要体现在三个方面。一是课程地位不同：小学劳动教育课程是德智体美劳五育之一；小学综合实践活动课程是落实劳动教育的课程之一。二是育人功能不同：小学劳动教育课程的主要育人功能是培养学生正确的劳动价值观和良好的劳动品质；小学综合实践活动课程的主要育人功能是转变学生学习方式、提升学生的综合素质。三是课程实施内容不同：小学劳动教育课程劳动教育有明确的内容、课程标准；小学综合实践活动课程无固定内容、无课程标准、无教材。

二、小学劳动教育与小学综合实践活动的课程要素比较

小学劳动教育课程和小学综合实践活动课程都是我国义务教育小学阶段的重要组成部分。小学劳动教育课程和综合实践活动课程在教学目标、内容设置、实施方式等方面存在一定的联系和区别。两者在培养学生的劳动观念、劳动技能、动手能力、创新精神和团队协作能力等方面都发挥着重要作用。在实际教学过程中，教师应根据学生的特点和需求，合理设置课程内容，采用多样化的教学方式，提高教学效果。厘清劳动教育课程和综合实践活动课程之间各要素的关系差异，有利于学校、教师更好地开展劳动教育和综合实践活动，共同实现两门课程的实践育人的功能和价值。

1. 课程性质比较

从课程性质看,二者都是国家必修课程之一,强调从实践出发,通过探究、服务、制作、体验等活动方式,提升学生的价值体认和实践、创新能力,充分发挥育人功能,最终实现培育学生德智体美劳全面发展的立德树人根本任务。

小学劳动教育与小学综合实践活动课程性质的不同点在于:小学劳动教育课程是德智体美劳五育之一,旨在充分发挥劳动育人功能,高度重视劳动观念和劳动精神培育;小学综合实践活动课程是跨学科实践性活动类课程,重视从学生的实际生活和发展需求出发,重视实践育人,旨在提升学生的综合素养。

2. 课程理念比较

小学劳动教育与小学综合实践活动的课程理念有许多相同的要素,二者都强调面向学生的个体生活和社会生活,加强与学生生活和社会的联系,通过多种方式的实践活动,达到实践育人、课程育人、立德树人的终极目标。

小学劳动教育与小学综合实践活动课程理念的不同点在于:小学劳动教育课程引导学生崇尚劳动、尊重劳动,树立劳动最光荣、劳动最崇高、劳动最伟大、劳动最美丽的价值观;小学综合实践活动课程强调与学科课程的融合,综合运用各学科知识,提升学生发现问题、解决问题、合作分工、创新实践的能力。

3. 课程目标比较

小学劳动教育和小学综合实践活动的课程目标有许多相同的要素,二者都强调提升学生的综合素养,具有价值体认、责任担当、问题解决、创意物化的意识和能力。

小学劳动教育与小学综合实践活动课程目标的不同点在于:小学劳动教育课程目标是使学生树立正确劳动观念,养成良好劳动习惯,形成必备劳动能力,培育劳动精神。小学综合实践活动课程目标是使学生具备一定的实践能力,能够将所学知识运用到实际生活中;具备一定的创新精神,能够在实践中发现问题、解决问题,形成新的观念和思维方式;具备一定的团队协作能力,能够与他人共同完成任务,实现团队目标;具备一定的综合分析能力,能够将多个学科知识综合运用到实践中,提高问题解决能力。

4.课程内容比较

综合实践活动和劳动教育的课程内容注重面向人与自我、人与社会、人与自然三个方面,强调自主、实践、整合。

小学劳动教育课程与小学综合实践活动课程内容的不同点在于:小学劳动教育课程按年级特点,设置十个任务群,每个任务群由若干项目组成,分层开展。小学综合实践活动课程没有固定的教材,活动内容的开发和选择突出自主性、开放性、实践性、整合性、连续性。

第三节　综合实践活动课程与劳动教育课程的整合实施

小学阶段是人生的启蒙阶段,劳动教育是培养孩子独立生活、独立思考、独立解决问题能力的重要途径。劳动教育不仅可以帮助学生掌握一定的劳动技能,还能培养他们的责任感和劳动意识。综合实践活动课程作为一种新型的课程体系,将有助于学生全面发展。在综合实践活动课程中渗透劳动教育,打造学科交叉融合的立体综合的劳动教育课程体系,有利于学生弘扬劳动精神、培养劳动热情和提升劳动技能,能让德智体美劳五育并举。因此,将综合实践活动课程与劳动教育课程进行整合实施,可以更好地发挥两者的教育价值。

一、整合实施的必要性

随着科技社会的发展,以题海战术追求分数的学生学习方式亟须改革。劳动教育和综合实践活动承载着创新学生学习方式、教师教学方式,促进学生核心素养方面的重要功能,二者在我国教育体系中的地位日益凸显,成为社会需要、学校重视、学生喜欢的实践课程。劳动教育课程和综合实践活动课程的实施不仅有助于培养学生的动手能力、创新精神和团队合作意识,而且对于提高学生的综合素质、促进学生全面发展具有重要意义。劳动教育重在增强学生劳动意识、树立正确劳动观念、养成良好劳动习惯、掌握必备劳动能力、形成良好劳动品质,而综合实践活动重在引导学生综合运用各学科知识进行问题的解决,提升动手实践能力,二者都强调实践育人、行知合一。因此,将综合实践活动课程与劳动教育课程进行整合实施,是提高劳动教育课程实效性的有效途径。

1.提高劳动教育课程的实用性

综合实践活动课程涵盖了学生生活、学习、社会等方面的实践内容,与劳动教育课程有着密切的联系。将两者进行整合,可以使劳动教育课程更加贴近学生的实际生活,使学生在实际操作中学习劳动技能,提高学生的动手能力。同时,通过综合实践活动课程的实施,可以让学生更好地理解劳动的意义和价值,从而增强学生对劳动教育的认同感和参与度。

2.提高劳动教育课程的趣味性

综合实践活动课程涉及的内容丰富多样,具有很高的趣味性。将劳动教育课程与综合实践活动课程整合,可以使学生在参与实践活动的过程中,更加自然地接受劳动教育,从而提高学生对劳动教育课程的兴趣。此外,通过实践活动,学生可以亲身体验到劳动的艰辛与快乐,从而更加珍惜劳动成果,培养良好的劳动习惯和品质。

3.提高劳动教育课程的实效性

综合实践活动课程与劳动教育课程的整合实施,可以使课程内容更加系统、全面,有助于提高劳动教育课程的实效性。同时,通过实践活动,学生可以更好地将理论知识与实际操作相结合,提高学生的综合素质。此外,通过综合实践活动课程与劳动教育课程的整合,可以激发学生的创新意识,培养学生的动手能力和团队合作精神,为学生的未来发展奠定坚实基础。

4.提高劳动教育课程的时代性

随着我国经济社会发展,劳动教育的内涵和形式也在不断变化。将综合实践活动课程与劳动教育课程进行整合,可以使劳动教育课程更加贴近时代发展,适应社会需求。同时,通过实践活动,学生可以更好地了解社会发展趋势,提高学生的就业竞争力,为学生的未来发展提供更多可能性。

5.增强教师团队的合作性

劳动课程原属于综合实践活动课程的一个领域,2022年9月,劳动课程从综合实践活动中单独列出来成为一门独立的课程。课程虽然独立了,但各小学综合实践活动、劳动等课程没有像初级中学一样配齐各学科专职教师,这两门课程的专兼职教师几乎还是同一批综合实践活动的专兼职教师。综合实践活动教师兼任劳动课程教师,把综合实践活动课程理念融入劳动课程,可以更好地培育学生的劳动习惯和劳动精神,实现跨学科的融合,提升课程合作育人的质量。

二、整合实施的措施

(一)整合课程内容,形成课程体系

小学劳动教育课程,成为学校教育的重要组成部分。学校应当根据学生的年龄和特点,设置合理的劳动教育课程,让学生在课程中掌握基本的劳动技能和劳动习惯。综合实践活动课程与劳动教育课程整合实施的首要任务是整合课程内容。通过对比分析,我们可以发现,两者在课程目标、课程内容、课程方法等方面存在一定的重合。因此,我们可以将两者的课程内容进行整合,形成一个完整的课程体系。在综合实践活动课程中,可以设置一些与劳动教育相关的实践项目,如环保行动、社区服务、农业生产活动、设计制作活动等,让学生在实践中学习和体验劳动教育的意义。

(二)整合教学资源,提高育人质量

在整合课程内容的基础上,我们还应整合教师和教学两个方面的资源,提高育人质量。

1.加强师资培训,提高教师教育水平

教师是小学劳动教育的主导者,他们的教育水平直接影响着劳动教育的实施效果。因此,提高教师的劳动教育水平是提高小学劳动教育常态实施效率的关键。学校应当定期组织教师参加劳动教育方面的培训,让他们学习《义务教育劳动课程标准(2022年版)》和《中小学综合实践活动课程指导纲要》,理解综合实践活动和劳动教育的课程性质和理念,二者的区别和联系,从而提高劳动教育和综合实践活动整合实施的教育质量。

2.整合课程资源,提高活动育人质量

学校可以利用综合实践活动课程的资源优势,在综合实践活动社会服务、职业体验、设计制作、考察探究活动中融入劳动教育内容,在日常生活劳

动、生产劳动、服务性劳动中开展实践体验活动,为学生提供更多的发现问题、解决问题、实践创新的机会。例如,学校可以组织学生参加校园种植实践活动、社会实践活动、社区实践活动等,学生在实践中感受劳动教育的魅力、提升综合素养。

(三)加强课程评价,确保课程目标

评价考核是提高小学劳动教育常态实施效率的重要手段,课程评价不仅可以帮助我们了解学生的学习效果,还可以为课程改革提供参考。学校应当建立健全劳动教育的评价考核体系,对劳动教育的实施情况进行定期评估,确保劳动教育的实施质量。同时,学校还应当将劳动教育的评价考核结果纳入教师的绩效考核中,激励教师积极参与劳动教育的实施,提高劳动教育的实施效果。

(四)加强课程宣传,提高参与意识

劳动教育是一个长期而复杂的系统工程,需要全社会的共同参与和支持。学校应当加强劳动教育的宣传,利用校园广播、学校微信公众号、钉钉办公平台、班级家长微信群等多种渠道,宣传劳动教育和综合实践活动课程的意义和价值。同时,学校还可以举办一些与劳动教育相关的活动,如劳动技能实践、节假日劳动实践等,让学生在参与活动中感受劳动教育的魅力,让领导、教师、家长了解劳动教育的意义和价值,提高社会对劳动教育的认同度。此外,学校还应当加强与社会的合作,开展各种形式的劳动教育活动,让更多的人参与到劳动教育的实施中来,共同推动小学劳动教育的常态化实施。

(五)加强家校合作,形成教育合力

家校合作是提高小学劳动教育常态实施效率的重要手段。学校应当加强与家长的沟通,让家长了解劳动教育的意义和方法,引导家长积极参与到劳动教育的实施中来。学校还应当定期组织家长参加劳动教育讲座和实践活动,让家长深入了解孩子的学习和生活状况,从而形成教育合力,共同促进孩子的全面发展。

提高小学劳动教育常态实施效率是当前教育改革的重要任务之一。学

校、教师、家长和社会应当共同努力，从多方面入手，提高小学劳动教育的实施效果，为培养具有良好劳动习惯和独立生活能力的人才奠定坚实基础。

第四节　培育小学生劳动素养的具体路径

劳动素养是指经过生活或教育活动形成的与劳动有关的人的素养，包括劳动价值观、知识、能力等具体指向。苏霍姆林斯基认为，劳动素养还包括"劳动活动在一个人精神生活中的作用和地位，以及劳动创造中的充实的智力内容、丰富的道德意义和明确的公民目的性"。义务教育要在坚定理想信念、厚植爱国主义情怀、加强品德修养、增长知识见识、培养奋斗精神、增强综合素质上下功夫，使学生有理想、有本领、有担当，培养德智体美劳全面发展的社会主义建设者和接班人。

一、"劳动+"达成共识

综合实践活动课程是实施劳动教育的重要路径。2019 年，中共中央、国务院《关于深化教育教学改革全面提高义务教育质量的意见》要求"优化综合实践活动结构，确保劳动教育课时不少于一半"。将小学综合实践活动与劳动教育相融合，是培育学生全面发展的重要途径。通过这种综合性的育人模式，学生可以在参与实际劳动中学习尊重劳动、理解劳动价值、增长知识技能、培养责任感，这对于小学生的成长至关重要。

劳动教育在促进学生德育方面扮演着关键角色。通过参与种植、清洁、手工制作等劳动活动，学生亲身经历劳动过程，体验到成果的来之不易，从而培养良好的道德品质，如诚实、勤奋、合作等。小学阶段学生正处于价值观形成的关键时期，劳动实践活动能够有效地树立学生的劳动意识，促进他们道德素养的提升。劳动实践与学科知识相结合，可以提高学生的综合能力。例如，在进行学校花园种植活动时，学生不仅要动手耕种，还需要了解植物生长的科学原理。这种跨学科的学习方式，使得学生在实践中运用和巩固了科学、数学等学科知识，同时也锻炼了学生的观察力、思考力和解决问题的能力。劳动教育对于学生的职业意识和未来就业具有积极的引导作用。在实践活动中，学生有机会接触各种职业角色，如园丁、厨师、工匠等，从而开阔视野，理解不同职业的社会意义。早期的职业体验能够帮助学生认识到个人兴趣与未来职业规划的联系,从而为未来的职业选择和生涯发展打下基础。

融合劳动与综合实践活动能够增强学生的团队协作和沟通能力。在共同完成一项劳动任务时,学生必须学会与同伴沟通协作,共同解决问题。这种团队协作经验不仅为学生的社交能力奠定了基础,也是未来职场必不可少的重要技能。

为了更好地实施综合实践育人与劳动教育的融合,学校可以采取措施确保劳动教育的有效性。例如,可以编制详尽的劳动教育课程计划,确保活动的多样性和教育目标的达成;也可以举办劳动技能比赛,激发学生参与劳动的兴趣;同时,教师应接受专业培训,指导学生安全地参与劳动。此外,学校和家庭应该合作,共同营造尊重劳动、勤劳努力的氛围,以确保劳动教育的根本目标得以实现。

以永安市为例,全市各小学结合地域资源和校情就如何有效实施劳动课程进行了辛勤的探索,也取得了一些成功的经验。

(一)领导重视之基础保障

永安市教育局领导对综合实践活动和劳动课程价值有非常高的认知度和深刻的领悟。永安市团市委推动劳动和研学活动基地资源开发,教师进修学校负责课改名师工作室的建设和提升。学校校长认真制订课程的实施方案、教师考核制度。在各级领导的重视下,顺利完成2023年上半年国家义务教育质量监测任务,进一步促进劳动课程的落实。

(二)转变观念之课程保障

1.转变教师课程理念

教师在劳动教育前应该做好教学准备。虽然劳动教育和综合实践活动开展与其他学科有很大的不同,但是教师也必须做好备课,备课是教师专业成长的重要过程,也是提高教师专业水平的过程。

2.转变家长课程理念

学校通过开家长会和教师家访等方式向家长介绍开设劳动课程目的、意义,认同和支持开展劳动教育。还经常让家长直接参与到孩子的活动中来,指导孩子的活动,感受孩子的进步。学习知识是为了更有效地指导生活活动。很多知识都来自生活且高于生活,是人类劳动和智慧的结晶。对于学生来说,生活就是教育,生活就是校园。因此,家长要从重视知识学科考试转变为培养孩子全面发展,培养学生爱劳动、会劳动、懂劳动,家校联动带领学生参加劳动实践,近距离感受劳动和生活之间的关系。

3.转变学生课程理念

转变学生课程理念是当前教育界所面临的紧迫任务之一。传统的课程设置往往忽视了劳动课程的重要性,导致学生在课程学习过程中忽视了劳动实践的重要性。因此,转变学生课程理念,让学生认识到劳动课程开设的意义,小学阶段不要唯语文、数学、英语学科,显得尤为重要。学校可以通过课程设置、教学方法等方面的改革,让学生在实践中学习,提高学生的实践能力,还可以通过举办劳动技能比赛、开展劳动实践等形式,让学生更加深入地了解劳动课程的重要性。

二、"劳动+"家校联动

小学时期正是培养学生劳动意识、劳动素养的重要时期,学生在这个时期掌握基础的劳动技能,深化对劳动的认知,学生在这个阶段能够形成正确的劳动态度以及爱护劳动成果的品质。在综合实践活动中实施劳动教育有利于小学生良好习惯的养成,并在劳动教育过程中学习到必备的劳动技能。这不仅需要学校的努力,还需要家庭的支持,家校合作为劳动教育提供了一个良好的教育环境,并且在各种类型活动过程中发挥学生的自主性。在教师的正确引导下,自主管理班级事务。

在活动中,锻炼学生的自主能力,培养其勇于承担的精神品质,另外,需要父母在日常生活中加强对孩子的教育,使其端正对劳动的态度,避免出现"重学习,轻劳动"的教育现象,并且在具体实施的过程中,为孩子做好榜样,以身作则。在日常生活中重视劳动,尊重各行各业的劳动者,引导孩子养成劳动光荣的意识。与此同时,在家庭中要对每个成员进行明确的劳动分工,让孩子做一些力所能及的家务,体悟劳动乐趣和辛苦,养成良好的责任意识,使学生的自主能力得到进一步加强。家长及时转变教育观念,鼓励学生学习劳动技能,耐心指导,接纳学生从不会劳动到会劳动的渐进过程。

三、"劳动+"多维融合

(一)学科融合,丰富课程资源

劳动不仅创造了美,也为人们带来了更加美好的生活。在小学教育中,要想保障劳动教育的有效性,仅仅靠说教是不可能完成的,学生无法直接感受劳动的快乐体验,就会大大降低劳动教育的质量。因此,教师应该将劳动教育与其他学科知识巧妙地结合在一起,将劳动教育渗透至各个学科教学中。不但能够使学生更加热爱劳动,还可以使劳动过程更加美好,教师在课堂教学中还需要基于学生的积极向上进行评价,让学生认识到劳动、教育和学习生活之间的紧密联系,形成正确的劳动意识和劳动习惯。

1. 综合实践活动中的劳动教育

专兼职劳动教师和综合实践活动教师要充分认识劳动教育推进综合实践活动课程全面实施的重要意义。加强劳动教育推进综合实践活动课程的全面实施,是落实党的教育方针、补齐实践育人短板、提升创新实践能力的迫切需要,是落实立德树人根本任务,提升学生劳动观念,培养社会责任感、创新精神和实践能力的迫切需要。综合实践活动中设计制作、职业体验、社会服务和考察探究活动中要有学生的主动参与,实践探究,出力出汗,付出劳动,体验劳动收获。

2. 语文学科教学中的劳动教育

语文课讲究"文道结合",具有开展劳动教育的优越性。语文学科兼具工具性和人文性,决定了语文学科既担负着传授知识的任务,也要在育人上下功夫。语文教师在向学生传授语文方面知识的同时,还要对学生进行理想前途、道德品质、世界观和人生观等方面的教育,劳动教育当然也包含其中。小学一至六年级的语文课本中,有歌颂劳动人民崇高品质的文章,歌颂劳动光荣、伟大的文章,介绍劳动技艺的文章,有各类赞颂劳动的习作,这些文本资源都是对学生渗透劳动品质、精神、习惯、观念教育的优秀育人资源。

3. 数学学科教学中的劳动教育

(1)发挥数学教师在教学中的能动性,寓劳动教育于情感教育中。我国著名教育家陶行知曾说:"真的教育是心心相印的活动,唯独从心里发出来的,才能打到心的深处。"劳动教育过程既是说理、训练的过程,也是情感陶冶和潜移默化的过程。数学教师应在教学过程中赢得感情,以心灵感受心灵,就能使整个数学教学过程成为师生情理互动的愉快过程,同时收到良好的育人效果。

(2)充分挖掘教科书,发现劳动教育素材。数学学科中的劳动教育素材隐藏在教科书中,教师应将其充分挖掘出来,展现给学生。例如,通过祖冲之的圆周率,学生能够体会到数学知识的历史延伸;通过学习日晷的应用,学生不仅能够了解古代劳动人民的聪明智慧,还能激发出民族自豪感和爱国感情。

(3)应用数学知识,解决劳动场景中的问题。劳动场景往往是复杂的、多样的,很多问题的解决依赖于数学、物理学等不同学科的知识。数学在其中发挥着极为重要的作用。如在房屋建筑面积的测算,农民土地面积的测量,家庭装修瓷砖、木地板铺设面积计算等,都涉及不同的数学知识。这种劳动需要更好地应用数学统计学的方式加以解决。

4.英语学科教学中的劳动教育

《义务教育英语课程标准(2022年版)》中提到,核心素养是课程育人价值的集中体现,包括语言能力、文化意识、思维品质和学习能力等。在"人与自我"主题群二级子主题内容中包含劳动习惯与技能、热爱劳动教育内容,学生通过英语学习能够领会语篇中所蕴含的人文精神和劳动价值,形成健康的世界观,人生观和价值观,提升学生的核心素养。

根据《劳动课程标准》和《英语课程标准》实施建议,要在各学科教育教学中不断融合劳动教育,拓宽劳动教育路径,实现跨学科有效整合。

(1)基于英语教材内容,挖掘劳动教育资源。教材是重要的学习资源,它是依据国家课程标准编写的,是课程标准的具体化,既符合国家的育人目标,又考虑了不同阶段学生的认知特点。义务教育劳动课程围绕日常生活劳动、生产劳动、服务性劳动,提升学生劳动素养,促进健康全面发展。英语课堂是英语教育教学的主阵地,教师要充分研读英语教材,结合劳动主题开展学习活动,从英语教材中挖掘劳动主题和内容,日常生活劳动、生产劳动和服务性劳动资源。

（2）基于劳动教育资源，重组单元教学内容。劳动教育具有树德、增智、强体、育美的综合育人价值。英语教材中的劳动教育内容比较分散，教师需要结合教学需求，重新整合教学内容、聚焦大单元教学来培养学生的劳动观念，课堂以落实学生核心素养为落脚点。大单元整体教学更容易让学生见到整体，形成观念，有利于学生深度学习的开展。以九年级英语教材 *Project English* 上册第一单元为例，构建了在大单元整体教学中渗透劳动教育的整体教学框架。

九年级英语教材 *Project English* 上册第一单元"The changing World"的主题语境为"人与社会"，包括"Our country has developed rapidly""The population in developing countries is growing faster""The world has changed for the better"三个部分。其主题意义为让学生了解世界和国家的发展，并积极参与公益活动的生活态度。

（3）基于英语学科特点，融入劳动教育活动。《义务教育劳动课程标准（2022 年版）》中指出，在劳动项目实施过程中要灵活运用其他课程所学知识开展劳动实践，组建跨学科主题学习活动，将劳动教育落实到实践锻炼中，加深孩子的体验与感悟，发挥劳动育人功能。而英语学习的最终目标也不仅仅是要掌握知识，更要通过英语学习来认识自我，认识世界，学会思考，形成积极的情感态度和价值观。

八年级英语教材 *Project English* 下册第七单元"Food Festival"就是一个融入劳动教育的绝佳切入点。本单元以美食节为主题，以康康和其朋友谈论筹备美食节并将所得资金捐给 Free the Children 组织、康康在妈妈的帮助下学习烹饪、美食节开幕等讨论为发展主线，仅仅靠课堂教学完成本单元各项任务的学习，达到教学目标，是远远不够的。因此，教师可以在本单元学习中设计"校园英语美食节"活动，通过让学生学习制作美食，了解美食制作的过程和背景，探究中国传统美食和西方传统美食方法，考查学生的英语表达能力和动手能力。学生参与这样的活动需要动脑与动手结合，运用语言和小组动手劳动制作结合，选出最佳作品，分享劳动成果。这种教学活动，学生既学会了如何用英语介绍美食的背景、由来和制作过程，又掌握了日常生活中必备的劳动技能，还懂得珍惜劳动成果，尊重他人的劳动，真正地践行英语学习活动观。

(二)活动融合,拓宽劳动平台

新课程标准明确提出"努力建设开放而有活力的课程观",唯有开放,留出空间,教学才会有活力。综合实践活动和劳动注重的是学生能力的培养,没有知识教授的压力,为学生综合能力的提高和个性的发展提供了较为广阔的空间、较为宽松的氛围。学校将综合实践主题活动和劳动实践活动与学校教育教学活动进行有机融合,丰富学生的校园生活。

1. 与班级活动相融合

每个学期,每位班主任结合学校教育教学计划开展以劳动为载体的主题活动,让学生自主地在活动中得到锻炼,得到成长。当学校要求每班开展"我是环保小卫士"主题活动时,当月就开展"我是环保小卫士"主题活动。专兼职劳动教师根据学生年龄特点开展美化班级、校园垃圾分类、"垃圾不落地 校园更美丽"等劳动实践活动。

2. 与读书节相融合

以全面推进素质教育为根本目的,以建设有品位加特色的"书香校园"为落脚点,树立大阅读观,拓宽学生学习知识的渠道,引领学生阅读经典、阅读思想、阅读文化、阅读精神,沿着经典文学流淌的脉络,聆听历代先贤留下的永恒声音,触摸大师名家创造的优秀文化,感受劳动智慧,体悟劳动创造生活之美。

3. 与科技节相融合

在学校特色建设的良好形势下,立足学生发展的要求,依托学校特色挖掘课程资源去开展综合实践活动,既能体现新课程与校本课程的整合、互补与深化,又能养成学生的多方面品质。永安市巴溪湾小学自2015年建校,开办航模探究、3D打印、电子百拼、科技创思等活动班级,以趣味性、应用知识的科学性、实践性、竞争性吸引学生踊跃参加综合实践活动,让学生自行设计、安装模型,培养学生动手动脑和创新能力。学校每年5月还举办一次科技节,把学生一年来在综合实践活动和劳动中取得的科技创新成果进行展示,内容有科技小论文、小发明、研究性成果册、科幻画等,优秀作品选送参加各级各类科技创新大赛参评。这些活动为综合实践活动和劳动校本化提供了强大的课程资源。

4. 与劳动实践节相融合

学校必须坚持"德智体美劳"五育并举的育人方向,坚持"立德树人、课程育人、实践育人"理念,形成家、校、社劳动教育合力,为学生搭建劳动展示平台,全方位培育学生爱劳动、会劳动的品质,提升学生的劳动本领,引导学生在劳动中磨炼意志品格,培养创新意识,逐步形成崇尚劳动、尊重劳动、热爱劳动、勤于创造的良好品格。

以巴溪湾小学为例,学校结合中国笋竹之乡永安市的竹文化精神,以"生命拔节教育"为办学理念,培养虚怀、正直、质朴、卓尔、担当、奋进、善群的"七德"美少年和"七者"好教师。至 2015 年建校以来,学校重视学生培育学生的劳动实践和创新能力,每年通过举办学生劳动实践技能大赛,以赛促育人,以赛促能力,以赛促劳动教育合力。

四、"劳动+"评价体系

综合实践活动是国家义务教育阶段、普通高中教育阶段课程方案中的必修课程。综合实践活动课程是以学生生活世界为对象,以开放性、实践性为特征的特定活动。学生劳动教育课程和综合实践活动课程融合,可以有效促进小学生劳动素养评价体系的构建。

劳动教育评价在整个劳动教育体系中占有举足轻重的地位。劳动教育评价是面向促进学生劳动素养发展的评价,劳动素养结构应该由劳动观念、劳动能力、劳动精神、劳动习惯与素质构成。学校、教师、家长、社会可在劳动素养评价指标方面进行完善,探索综合评价路径,让劳动教育评价回归育人本位。

(一)转变观念,促进立体评价体系的构建

综合实践活动课程注重开放性和实践性,活动主题要符合学生的年龄和认知特点,贴近学生生活实际。在综合实践活动视野下小学生劳动素养评价体系的构建,首要任务是转变课程观念、统筹兼顾。

1. 巧用时机,转变课程观念

教师、学生、家长、社会对课程开展的重视程度,取决于课程观念的转变。学校充分利用教师会、家长会、学生课堂,从国家劳动课程审定、社会劳动氛围营造、学校劳动教育开展、家庭劳动教育落实层面向教师、学生、家长

阐明开展劳动教育的重要意义。加强劳动教育是推进综合实践活动课程全面实施,落实党的教育方针的需要;是推进德智体美劳全面发展,提升学生动手能力、创新实践能力的需要;是全面深化学生综合素养评价改革,加强和改进考试改革评价的需要;是落实立德树人根本任务,提升学生劳动观念,培养社会责任感、创新精神和实践能力的迫切需要。

2.统筹兼顾,确保落实到位

根据国家课程设置体系、省市课程设置比例和学校实际,对劳动教育课程、综合实践活动课程设置进行统筹安排,保证课时足额落实到位。加强综合实践活动和学校劳动教育相互融合,用综合实践活动开放性、探究性、自主性、实践性课程理念指导劳动教育的开展;加强劳动教育开展校内外相结合,创新综合实践活动课程和劳动教育课程实施办法,提升课程开展和落实效果;加强家校沟通与协作,使学校领导、学校教师、在校学生、学生家长充分认识到开展劳动教育,对转变学生劳动观念,养成劳动习惯,提高劳动素养等方面的重要性。

(二)注重协同,构建主体多维的评价体系

《义务教育劳动课程标准(2022年版)》指出:"学校在实施劳动课程时要始终以开放的姿态,积极与家庭和社区紧密合作,构建'家庭—学校—社区'一体化劳动教育环境。"《中小学综合实践活动课程指导纲要》由教育部于2017年发布,强调课程以培养学生综合素质为导向。劳动教育评价工作是一个全面、系统的工程,它需要学校、家庭和社会的协同合作和共同完成。当下,在多数小学的劳动教育开展比较缺乏,有的停留在课表中而缺乏实际开展劳动教育的现状中,有的一学期开展一两次劳动教育活动,学生劳动素养评价,几乎是由教师或班主任的期末终结性评价,评价主体单一、缺乏个性。这种以教师为单一主体的评价方式,不够客观、公平,缺乏生机与活力,不能充分发挥学生在劳动过程中自主性,迫切需要注重协同,构建主体多维的评价体系。

1.构建自我评价体系

开展综合实践活动劳动教育,选择学生感兴趣的活动主题,可以充分调动学生参与劳动的积极性,引导构建自我评价体系。开展"学做简单的家常

餐——水果也疯狂"综合实践活动时,教师可以先到任课班级和学生聊:你经常在哪里看到水果拼盘?你是否自己做过水果拼盘?你喜欢自己动手制作吗?通过课前互动,教师选取水果拼盘制作主题,充分调动学生兴趣。开展活动时,让学生介绍拼盘名称、寓意,并从主题选取、拼盘名称、拼盘寓意、水果搭配、造型拼摆等几个方面进行自我评价,提升学生动手能力和口头表达能力。

2. 构建学校评价体系

组织学生开展劳动教育和综合实践活动融合活动,学校可以组织各年级学科备课组长和各学科教师代表召开学科融合、实践育人工作研讨会,共同商量讨论如何构建学生综合素养评价议题,商讨制定各学科中融合开展劳动教育、综合实践活动评价标准、评价指标、评价权重,从而构建分年级、分学科常态的、动态的评价体系,让学生的评价落地。

3. 构建家庭评价体系

家庭教育、社会教育、生活教育是学校教育的扩展、外延和补充,是一个重要的环节,其家庭劳动氛围以及父母劳动教育素养,劳动观念和劳动习惯等都对学生的发展产生了言传身教的影响。同时,教师和学校开展的劳动活动、综合实践活动也延伸到家庭,需要家庭协同配合构建家庭评价体系。学校根据各年级特点开设一年级整理书包、二年级叠衣服、三年级打扫房间、四年级叠被子、五年级制作水果拼盘,六年级包水饺活动。开展这些活动,有相当一部分是需要学生在家中完成的,仅仅靠学校和教师评价,就显得非常单薄、空洞,不够立体全面和富有个性。

4. 构建网络评价体系

网络时代,学校、教师可通过学校微信公众号、班级微信群、班级钉钉办公平台,举办学生劳动成果作品展,将劳动成果、优秀课例、学生优秀劳动成果进行线上线下展示,多途径实现过程监测与多元评价,在打破时空限制的同时,促进全域劳动教育的推动和落实。

(三)五类劳动,构建形式多样的评价体系

构建形式多样的评价体系要依托生活、生产、服务、管理、创意五类劳动教育活动,对学生主体进行劳动教育评价,形成以融合性劳动带动五育的真

正融合和融通,构建大劳动教育观,坚持过程性评价、终结性评价、知识能力评价和实践应用评价相结合。

(四)依托课标,构建内容全面的评价体系

《义务教育劳动课程标准(2022年版)》指出:"劳动课程要培养的劳动素养包括劳动观念、劳动能力、劳动习惯和品质、劳动精神。"在学校传统教育理念和师生对劳动课程不重视的影响下,各科教学对学生劳动观念、劳动能力、劳动习惯、劳动素质、劳动精神等方面渗透与整合重视不够,劳动教育评价内容偏重于学生各学期结束时测试劳动知识与技能,劳动过程性评价比较缺失。针对这种情况,学校和教师要认真学习解读劳动课程标准和综合实践活动课程指导纲要,依托劳动课程标准,做好劳动和综合实践活动学科教学融合,从学生成长需要、学校立德树人目标、家庭劳动观念、社会育人环境等方面,构建劳动能力、劳动习惯、劳动品质、劳动观念全面的评价体系,从综合实践活动的实践育人、创意物化和责任担当等方面构建丰富立体的评价体系。

五、"劳动+"科技赋能

聚集科技资源优势,探索劳动教育与科技融合的路径,提升劳动课堂"生命力"。无人照看的植物迎来了"智能浇花器",远程领养小动物成了都市人手机里的农场,数字建模与3D打印技术、机器人与人工智能、工具的改进与发明,制作简易气象站并观察温湿度、监测水位……劳动课堂不仅融入了信息时代的"科技味",更是融入了多学科的知识;不仅拓展了育人空间,而且凝练了劳动课程理念,着力于科技引领劳动,扩大劳动教育影响范围,真正让劳动撬动五育融合成为可能。

六、"劳动+"体验增值

虽然新时代劳动教育方向有所不同,但劳动教育本质是一个人的立身之本、成才之要,是人生的必修课。而如何推进劳动教育,提高学生的实践能力,体验是劳动教育的核心,也只有在劳动过程中才能真实感受劳动艰辛,理解劳动意义,逐渐建立劳动品质。如:学生变身"小农夫",开展了一系列别样

的农耕种植劳动实践活动,将劳动教育植入学生的"心田",为学生健康成长注入新活力;学生变身"小小整理师",整理行李箱、收拾衣柜、收拾书桌,体悟收纳的秩序感和收纳原理,并用于更广泛的生活实践;学生变身"小小导游",带着储备好的知识走进红色基地,去体悟那动人的故事背后的红色精神。

七、"劳动+"信息增趣

劳动本身存在一定教育难度,具有操作难度大、重复枯燥且离这一时代学生生活较远的特点,这使劳动课堂需要拉近与学生距离,增强趣味性这一难度要突破。引入微课、创新技术、模型模拟,增强劳动趣味性,充分培养学生的生活体验、立体思维、触觉、手眼脑等多元能力,从而获得积极的体验,增强劳动自信并收获快乐。这对激发学生劳动心智、拓宽劳动教育的内容和内涵,满足学生的共同性和未来适应性有着巨大的帮助。

借助信息手段,开发劳动微课,不仅在创设劳动情境上迅速拉近学生距离,更是创设了"处处劳动"的学习场景,增加学生兴趣。学生还可实现线上学习,手脑并用,强化实践体验。技术创新为劳动赋能,给学生带来 VR 沉浸体验式安全教育、职业体验,兼有突破时间和空间的优势。信息技术下的劳动课程,不仅使劳动课程焕发了新的活力,更是让劳动教育融合性开展、培养学生多项能力的发展、培养学生创造力和实践能力有了更多的可能。

第五节 提升小学劳动教育效率的策略

提高小学劳动教育效率需要教师、家长和社会的共同努力。只有通过营造劳动氛围、注重实践教学、加强家校合作和主动开发课程资源,才能够真正提高小学劳动教育的效率,为学生的全面发展奠定坚实的基础。

一、营造劳动氛围

小学生劳动教育的目的是帮助学生纠正"轻视劳动、不会劳动、不珍惜劳动成果"等错误思想,纠正学校开展劳动教育就必须纠正"轰轰烈烈开辟劳动实践基地"等错误思想,立足学校实际,营造时时可劳动、处处可劳动的学校和家庭劳动氛围。利用学校日常卫生区打扫、班级整理布置、校园小菜园种植、天台种植、垃圾分类、日常家务劳动,充分发挥劳动教育的育人功能,培养小学生的劳动观念、劳动习惯、劳动品质和热爱劳动人民的思想感情,获得必需的劳动基础和劳动技能,从而促进小学生全面发展。

二、开好常态课程

劳动教育即生活教育,学生在劳动中获得生活体验、生活乐趣,养成积极的生活态度、习惯,以便更好地适应未来生活。学校要实实在在地开好劳动教育常态课程,可以采用以下措施帮助提升劳动常态课效率。

1. 扎实上好常态课

学校加强专兼职劳动教师课程培训,转变教师课程观念、学生课程观念、家长课程观念,严格按照劳动课程标准开好每一节劳动课,提升效率。

2. 提升常态课效率

群相册是一种方便教师、学生、家长分享照片和视频的工具,可以帮助学生记录下参加劳动的美好瞬间,增强师生、家长之间的互动和联系,调动学生、家长参加劳动的积极性和参与度。专兼职教师要充分利用群相册对学生的激励作用,提升常态课实施效率。

三、设计劳动实践案例

永安市巴溪湾小学每年都以5月1日劳动节为契机,开展劳动技能实践活动,每年一主题、每年段一项目,贯穿小学六年,"五一"前后开展劳动周活动,倡导学生人人劳动、时时劳动,加倍珍惜劳动成果,学会尊重劳动者,懂得"一分耕耘,一分收获"的道理。以下是劳动周实践方案:

《多彩劳技创思维,质朴少年展风采》劳动周实践方案

【活动目标】

1. 劳动观念

通过水果拼盘制作活动支架,联系日常生活中的劳动,使学生认识到劳动对家庭幸福、社会进步的意义,初步形成劳动效率意识和质量意识。

2. 劳动能力

发现水果拼盘制作中造型、色彩、选材等方面的问题,提高生活自理能力,提升劳动实践能力。

3. 劳动习惯

通过水果拼盘制作,感悟劳动的付出,主动承担力所能及的劳动,养成规范安全劳动的习惯。

4. 劳动精神

通过活动,初步形成积极探索、追求创新的精神。

【活动主题】

五年级"童心巧手·水果也疯狂"

【活动规划】

活动阶段	参与人员及地点	具体活动内容	活动要求	设计意图
第一阶段:全员实践操作 时间:4月29日—5月19日	活动地点:各班教室、学生家里 参与人员:五年级全体学生	1.各班综合实践活动教师、劳动教师、学生家长利用劳动课堂和居家进行水果拼盘制作指导 2.学生全员动手实践操作	1.全员动手实践、操作 2.强调用刀安全 3.教师、家长引导学生从选材、颜色搭配、创意造型、寓意几个方面进行制作和创新	学生全员参与,树立学生"自己的事情自己做"劳动意识,感受劳动乐趣,提升劳动技能
第二阶段:全员考核 时间:5月20日	活动地点:学生家里 参与人员:五年级全体学生	家委会组织各班全员考核,每班推选3名优秀选手参与校园赛	家长从主题意义、造型创意、作品构思、色彩搭配几个方面进行考核评价,家长提一些改进建议	全员考核,人人参与,人人劳动,感受劳动之美、劳动之乐、劳动之不易

活动阶段	参与人员及地点	具体活动内容	活动要求	设计意图
第三阶段:实践大赛 时间:5月24日:校园赛	活动地点:至善楼科学室 参与人员:五年级每班各选派3名学生参加	1.每班3个学生代表,限时40分钟,现场制作拼摆、介绍作品 2.本项目负责人、年段长、家长代表进行评比考核	1.参赛者穿着整齐干净,制作拼盘时须戴手套 2.所有作品必须现场制作,所选用的材料在比赛前只能洗干净,不能事先切好、雕刻好等,如发现将以违规处理 3.可携带拼盘制作文稿 4.各班3名参赛选手合作完成一份拼盘作品,制作完成后及时清理桌面、地板卫生(此项纳入卫生考核) 5.参赛选手可充分发挥想象并制作,可以采用雕刻、剪切等制作方式,限时40分钟。 6.果盘上用小纸板等写上作品名称,派一名代表从作品选用材料、创意摆拼、作品寓意几个方面进行作品介绍,限时1分钟	1.激发学生劳动热情,懂得劳动辛苦、劳动不易,感悟劳动创造美,在劳动过程中初步形成劳动效率意识和质量意识 2.育团结合作、拔节向上、虚怀担当之人

活动阶段	参与人员及地点	具体活动内容	活动要求	设计意图
第四阶段：运用与拓展时间：劳动技能大赛结束后	活动地点：学生家里参与人员：五年级全体学生	制作创意水果拼盘，家庭菜品摆盘	利用周末和暑期时间，继续探究创意水果拼盘和日常菜品制作	在家人团聚、佳节来临之际，用自己的劳动所学、劳动所悟，制作色香味俱全、造型精美的水果拼盘和菜肴

【实施流程】

1. 评委和选手进场，主持人介绍活动主题、意义、活动规则。

2. 各班开始水果拼盘制作(时间40分钟)。

3. 比赛结束，选手把自己的作品展现在指定的位置，并进行一分钟作品介绍；评委进行打分。

4. 统计分数及名次。

5. 主持人宣布比赛圆满结束。

【成果展示】

来自12个班的代表队争分夺秒，协作分工，相互配合。各式水果在同学们灵巧的双手中翻转变形，色彩搭配巧妙，构思新颖，拼摆创意精美。

四、开发劳动课程课例

课程：《垃圾分类》(小学低年级日常生活劳动)

【活动背景】

垃圾在生活中每日都会产生，很多人认为垃圾就是生活中没有用的东西，其实不一定是这样的，法国的一位哲学家说过，"垃圾是摆错了位置的财富"。垃圾中还有大量可以加以利用的资源，没有有效处理垃圾就是对资源的巨大浪费。

开展本次劳动活动对学生来说,既实用又有价值,让学生了解垃圾分类的标准及其好处,明白垃圾也是一种宝贵资源。垃圾分类还是环保行动的一种,本劳动项目是立足当下垃圾分类和环境保护的现实需要,学生学会垃圾分类知识,能从家庭垃圾、学校垃圾、社区垃圾中正确分类和处理垃圾,感悟垃圾分类是关乎人类生存环境的大问题,具有重要而持久的现实意义。案例从教学目标、教学重难点、教学准备、教学过程,劳动评价、拓展延伸几个方面进行设计,让学生了解和体验垃圾分类,提升劳动能力,增强劳动意识和环保意识,提高劳动意愿。

【学情分析】

生活中的垃圾分类,对于低年级学生来说,理解和记忆抽象的垃圾分类比较有难度。老师应结合学生的年龄特点和认知水平特点,采用游戏、视频、动画资源,帮助学生学习垃圾分类知识,寓教于乐,让学生乐于垃圾分类,爱上劳动。

【活动目标】

1. 劳动观念

通过劳动实践,学生初步形成环保意识、垃圾分类意识,树立劳动最光荣的观念。

2. 劳动能力

通过学习垃圾分类知识,了解垃圾分类的重要意义和分类标准,能主动进行垃圾分类,提高劳动实践能力。

3. 劳动习惯

通过学习垃圾分类活动,在家、在校有自觉进行垃圾分类和勤于劳动的习惯。

【活动重难点】

活动重点:掌握垃圾分类的方法,日常生活中能自觉进行垃圾分类,养成垃圾分类的良好劳动习惯。

理解垃圾分类对于保护环境的重要意义,增强能源意识和环保意识。

活动难点:养成每天分类投放垃圾的好习惯。

【活动准备】

教师准备:校园垃圾回收驿站分类垃圾桶照片、班级卫生角垃圾分类标语、垃圾分类游戏。

学生准备:收集垃圾分类知识;观察垃圾投放站垃圾桶颜色、标识,准备制作校园分类垃圾箱的工具(如剪刀、纸盒、胶水、胶带等)。

【实施计划】

活动一:垃圾分类我知晓
活动二:设计分类垃圾箱

【实施内容】

围绕"垃圾分类"活动主题,设计"垃圾分类我知晓""设计分类垃圾箱"两个劳动项目。在学习垃圾分类知识、动手制作分类垃圾箱、玩垃圾分类游戏中,增强学生环保意识,提升劳动能力,培养学生劳动习惯。

活动一:垃圾分类我知晓

一、情境导入

城市、小区、校园风景优美,大家学习、生活得快乐高兴。但是同学们知道吗? 我们每天都会产生大量的塑料、废纸、玻璃瓶、厨房垃圾等。据统计,我国城市每天人均产生生活垃圾 0.66~2.62 千克,每天产垃圾约 160 万吨。进行垃圾分类的环保行动刻不容缓。

(1)出示图片:城市小区、景区、河边、海边垃圾堆成山的图片。

(2)小组讨论:你看到了哪些信息? 说一说你的感受。

(3)交流分享。

(设计意图:优美的生活环境和垃圾成堆的视觉冲击,让学生感受到垃圾分类就在我们的身边,势在必行。)

二、垃圾分类知识

1.播放视频:垃圾分类的方法和种类

(1)可回收物:可回收物是指生活垃圾中适宜回收后经过加工可以成为生产原料或者可以资源再利用的物品,主要包括废纸类、废塑料类、废玻璃类、废金属类、废电器电子产品、废旧织物类及其他大件垃圾等。

（2）厨余垃圾：厨房里剩余的菜帮菜叶、剩菜剩饭、瓜果皮核、废弃食物、废弃油脂，还有家庭产生的树枝、碎草、落叶、花卉等。

（3）有害垃圾：过期药品、水银温度计、废杀虫剂及包装物、消毒剂及包装物、废油漆、废荧光灯管、废纽扣电池等。

（4）其他垃圾：废弃食品袋、废弃保鲜膜（袋）、废弃纸巾、婴儿纸尿布、废弃瓶罐、灰土、烟头、陶瓷制品、受污染的一次性餐盒、玻璃纤维制品（如安全帽），以及污损严重的海绵、旅行袋、织物等难以回收的垃圾。

2. 小组讨论

你看到了哪些垃圾分类的方法？你们平时进行过垃圾分类吗？

3. 归纳总结

归纳小结垃圾分类的方法。

（设计意图：通过视频和学生的讨论互动，使学生直观认识垃圾分类的方法和种类，学习垃圾分类知识。）

三、垃圾分类游戏

（1）6 人小组玩垃圾分类小游戏（垃圾分类卡片投放）。

（2）小组汇报交流。

（3）根据垃圾分类方法，小组合作完成垃圾分类表格填写。

（设计意图：通过玩垃圾分类游戏，加深对垃圾分类知识的理解，为垃圾分类实践做好铺垫。）

垃圾分类方法	可回收垃圾	不可回收垃圾	厨余垃圾	有害垃圾
垃圾名称				
垃圾桶颜色				

四、垃圾的回收和利用

1. 垃圾回收的价值

垃圾是放错地方的资源，是地球上唯一一种不断增长、永不枯竭的资源，在以后的生活中要把垃圾分类重视起来。

1 吨废塑料＝可回炼 600 千克的无铅汽油和柴油

1 吨塑料饮料瓶＝可获得 0.7 吨二级原料

1 吨废纸＝可再造 700 千克好纸

1 吨废钢铁＝可提炼钢 900 千克(相当于节约矿石 3 吨)

1 吨废玻璃＝可生产 1 块篮球场面积的平板玻璃

2. 师生小结

(设计意图:用直观的数字说明垃圾回收的价值,学生感受更深。)

五、活动延伸

观察家中、小区、学校垃圾分类情况,用表格做好记录或拍照记录。

(设计意图:学生用眼观察,动手记录,亲历垃圾分类过程,提升动手能力,增强环保意识。)

活动二:设计分类垃圾箱

一、导入课题

(1)学生观看小品《垃圾箱里的悄悄话》。

(2)学生谈谈对小品的感受。

(3)学生讨论:为什么要把垃圾分类? 如何分类?

(设计意图:通过生动有趣的小品表演,激发学生的兴趣,为下面的环节铺好道路。)

二、知识铺垫

1. 小组交流收集到的有关垃圾分类的资料

(1)为什么要把垃圾分类? 垃圾不分类会造成什么危害?

(2)你知道垃圾是怎样分类的吗?

(3)不同国家的垃圾箱各是什么样子的? 这样设计有什么功能和作用? 存在哪些特点和相同之处?

2. 师生总结

垃圾分类的必要性、垃圾分类的标准、分类垃圾箱的特点。

(设计意图:通过讨论交流收集的资料,培养学生收集和整理资料的能力;学习有关垃圾分类和分类垃圾箱的知识,总结分类垃圾箱的特点,为下面的环节做知识铺垫。)

三、实践设计

1. 学生讨论

(1)校园内的垃圾有哪些? 可以分为哪几类?

(2)校园的垃圾箱你觉得如何？有何不足之处？

(3)设计校园分类垃圾箱时需要注意什么问题？如垃圾箱设计几个箱体？设计成什么形状比较好？箱体各有多大？

2.温馨提示

(1)在科学、环保、实用的基础上大胆创新。

(2)设计图必须清晰反映垃圾箱的式样、结构、大小、材质。

(3)箱体上投放不同种类的垃圾的标识要清晰易懂。

(设计意图:反馈调查成果的目的是培养学生收集信息的整理能力和语言表达能力,同时训练学生在面对较大的信息量时如何判断、选择使用的能力。动手设计分类垃圾箱的目的是培养学生通过对较多信息的整合进行综合分析的能力,培养学生改进和创新能力。)

四、展示评价

(1)学生小组间对所设计的垃圾箱进行评价,引导学生对垃圾分类的科学性、美观性等方面进行评价。

(2)学生对各组设计的分类垃圾箱提出改进意见。

(3)小组改进优化设计方案。

(设计意图:通过各组设计方案的交流、比较,帮助学生明白自己设计中的不足,在借鉴和交流中完善自己的设计。)

五、小结拓展

(1)组织学生结合学习单开展自评、互评。

(2)师生小结、交流活动收获。

(3)延伸拓展:使用铁皮罐、纸盒等材料制作分类垃圾箱。

(设计意图:通过自评、互评,使学生对活动进一步总结反思。注重活动的延续性,课后让学生动手制作,学以致用,激发学生的校园主人翁意识和环保意识。)

六、做好劳动评价

综合实践活动和劳动常态融合,学校、教师还要做好学生劳动课堂、社会实践、家务劳动的考核评价,提升学生活动兴趣和劳动素养。举办劳动课堂、学校质朴园劳动小基地,每周公众号推送劳动拔节星,设立劳动周,开展劳动实践节,全方位立体推进学生评价落地。(以下为永安市巴溪湾小学1—6年级劳动素养学期总评表)

永安市巴溪湾小学1—2年级学生劳动素养学期总评表

_____—_____学年_____学期

评价主体	评价项目			
学生自我评价	劳动项目领域	劳动项目名称	劳动项目时长	劳动项目表现
	日常生活劳动			
	生产劳动			
	劳动成果及收获（图片、图文结合、文字描述）			
家长评价	评价等级	□优秀	□良好	□合格　□不合格
	综合评语			
教师评价	评价等级	□优秀	□良好	□合格　□不合格
	综合评语			
学期综合评价	评价等级	□优秀	□良好	□合格　□不合格
	综合评语			
测评目标依据	1. 懂得人人都要劳动、劳动成果来之不易的道理。初步感知劳动的艰辛与乐趣,学会尊重他人的劳动付出。喜欢劳动,具有主动劳动、积极参加劳动的愿望 2. 完成比较简单的个人物品整理与清洗,居室、教室等卫生保洁、整理与收纳,以及垃圾分类等劳动任务,参与简单的家庭烹饪。形成"自己的事情自己做"的意识,具有初步的个人生活自理能力 3. 关心、照顾身边常见动植物,初步形成关爱生命、热爱自然的意识。参与简单的手工制作活动,初步学会规范使用相应工具,对工艺制作有一定的好奇心 4. 参与班级集体劳动,主动维护教室内外环境卫生,初步形成以自己的劳动服务他人的意识 5. 在劳动过程中遵守纪律,不怕脏、不怕累,具有初步的劳动安全意识,养成有始有终、认真劳动的习惯			

永安市巴溪湾小学3—4年级学生劳动素养学期总评表

____一 ____学年____学期

评价主体	评价项目			
	劳动项目领域	劳动项目名称	劳动项目时长	劳动项目表现
学生自我评价	日常生活劳动			
	生产劳动			
	服务性劳动			
	劳动成果及收获（图片、图文结合、文字描述）			
家长评价	评价等级	□优秀	□良好	□合格 □不合格
	综合评语			
教师评价	评价等级	□优秀	□良好	□合格 □不合格
	综合评语			
学期综合评价	评价等级	□优秀	□良好	□合格 □不合格
	综合评语			
测评目标依据	1.懂得"一分耕耘，一分收获"的道理。体会劳动光荣、劳动无高低贵贱之分的道理，认识到美好生活离不开各行各业的劳动者。尊重劳动，尊重普通劳动者，初步养成热爱劳动的态度 2.养成良好的个人清洁卫生习惯。认识常用家用器具，掌握家用小器具的使用方法，具有家用电器使用安全意识和初步的器具保养意识。主动分担家务，协助参与家庭环境卫生清洁，能制作简单的日常饮食，初步学会简单的家务劳动技能，提高生活自理能力 3.初步体验简单的种植、养殖、手工制作等生产劳动，能规范使用常用的劳动工具，了解常用材料的作用与特征，对劳动过程遇到的问题具有好奇心和探究欲望 4.参加校园卫生保洁、垃圾分类处理、绿化美化等劳动，适当参加社区环保、公共卫生维护等力所能及的公益劳动，初步体验简单的现代服务业劳动，初步养成公共服务意识 5.懂得在劳动中遵规守约，初步学会与他人合作劳动。珍惜劳动成果，养成有始有终、专心致志的劳动习惯和品质 6.在劳动过程和日常生活中做到勤俭节约、不怕困难			

永安市巴溪湾小学5—6年级学生劳动素养学期总评表

_____—_____学年_____学期

评价主体	评价项目			
学生自我评价	劳动项目领域	劳动项目名称	劳动项目时长	劳动项目表现
	日常生活劳动			
	生产劳动			
	服务性劳动			
	劳动成果及收获（图片、图文结合、文字描述）			
家长评价	评价等级	□优秀	□良好	□合格　□不合格
	综合评语			
教师评价	评价等级	□优秀	□良好	□合格　□不合格
	综合评语			
学期综合评价	评价等级	□优秀	□良好	□合格　□不合格
	综合评语			
测评目标依据	1. 懂得劳动创造财富、劳动来不得半点虚假、"业精于勤荒于嬉"等道理。认识到劳动者是国家的主人，"三百六十行，行行出状元"，体会普通劳动者的光荣与伟大。初步树立劳动最光荣、劳动最崇高、劳动最伟大、劳动最美丽的观念 2. 掌握家庭生活中常用的清洁与卫生、整理与收纳基本技能。了解家庭常用器具的功能特点，规范、安全地操作与使用。初步掌握基本的家庭饮食烹饪技法，制作简单的家常餐，具有食品安全意识。进一步提升生活自理能力和家务劳动能力，具有家庭责任感 3. 进一步体验种植、养殖、手工制作等生产劳动，能根据劳动任务选择合适的材料和工具、技术与方法，安全、规范、有效地开展劳动，初步养成持之以恒的劳动品质			

评价主体	评价项目
测评目标依据	4. 主动参加校园卫生保洁和环境美化等劳动,积极参加社区环保、公共卫生维护等力所能及的公益劳动,进一步体验新技术支持下的现代服务业劳动,形成关爱他人、积极参与社区建设的劳动意识和能力,增强公共服务意识 5. 根据劳动目标确定劳动任务,制订劳动计划,并根据劳动过程的进展情况适时优化调整,初步形成劳动效率意识和劳动质量意识,初步养成爱岗敬业、乐于奉献的精神 6. 在集体劳动中团结协作,提升与他人合作劳动的能力。在劳动过程中自觉遵守劳动纪律,具备诚实劳动、合法劳动的意识 7. 在劳动中主动克服困难,初步养成不怕辛苦、积极探索、追求创新的精神

第七章　小学综合实践活动实践育人与教师队伍建设

教育高质量发展,需要高素养的教师。课程的实施者、学生的培育者是教师,培养好的老师是当代中国教育的使命。教师的专业素养、课程理念、育人导向,直接影响教育教学质量、学生健康全面发展的状况。《国家中长期教育改革和发展规划纲要(2010—2020 年)》明确提出,"有好的教师,才有好的教育。要加强教师教育,深化教师教育改革,创新培养模式,提高教师培养质量"。《教师教育课程标准(试行)》(2011)、教育部《关于实施卓越教师培养计划 2.0 的意见》(2018)等政策文件为培养优秀教师提供了政策保障。

在教育强国建设中,教师要深刻认识到教书育人与国家民族大业息息相关,树立为国育才,为党育人的责任感和使命感,让心有大我、至诚报国的理想信念成为一种自觉追求。

综合实践活动国培专家邹开煌教授早在十多年前就指出,综合实践活动课程实施的成败关键在于教师。他对综合实践活动教师提出了四个基本要求:①应具有较强的综合实践活动课程设计能力;②应具有较全面的跨学科知识;③应具有较强的综合实践活动课程组织、管理与协调能力;④应掌握基本的信息技术。

第一节　小学综合实践活动实践育人中的教师角色

在我国的教育实践中,教师角色一直不断变化和发展。从传统的知识传授者到现在的实践育人者,教师的角色发生了翻天覆地的变化。这种变化源于对教育的深入理解和实践,也源于对学生的全面关注和尊重。综合实践活动是一种旨在提高学生实践能力和创新精神的教学模式,而实践育人教师则是推动这种模式实施的关键人物。

1. 从知识的传授者转变为实践的参与者

小学阶段许多教师传统育人观念没有改变,存在挪用综合实践活动课程现象。教师首先要转变课程理念,教师不是单一的知识传授者,而是与学生共同参与实践的参与者。教师需要与学生一起解决问题,分享经验和感受。在这个过程中,教师不仅可以更好地了解学生的需求和兴趣,还可以为学生的学习和发展提供更好的支持。

2. 从单一的知识传授者转变为学生的引导者

在实践育人中,教师要引导学生选择活动主题,并引导他们参与实践活动,通过实际操作获得体悟。

(1)引导学生选择合适的活动主题。在选择活动主题时,教师需要根据学生的兴趣和能力,选择适合他们的主题,并指导他们进行深入的调查和研究。教师要鼓励学生自主思考和探索,帮助他们克服困难和挑战,从而提高学生的实践能力和创新能力。

(2)引导学生参与实践活动。在实践活动过程中,教师需要指导学生进行实际操作,并给予及时的反馈和建议。教师需要关注学生的安全和健康,确保实践活动过程中的安全和顺利进行。同时,教师还需要为学生提供必要的支持和帮助,帮助他们克服困难和挑战,获得更多的体悟和收获。

(3)帮助学生获得体悟。在实践活动结束后,教师需要引导学生进行反思和总结,帮助他们从实践中获得更多的体悟和收获。教师需要指导学生进行深入的思考和分析,帮助他们发现实践活动的意义和价值,并提高学生的实践能力和创新能力。

3. 从单一的知识传授者转变为学生的支持者和合作者

在实践中,教师可以为学生提供指导和支持,帮助他们克服困难和挑战,实现自我超越。在实践中,教师可以分享自己的经验和感受,让学生更好地理解问题的解决方案,同时也可以激发学生的思考和创造力。

第二节　小学综合实践活动实践育人中的教师能力

中小学综合实践活动课程是课程改革的亮点课程,具有传统学科课程不具备的实践育人、综合育人的独特功能。提升教师的教育教学能力,是实现小学综合实践活动实践育人目标的关键。教师只有具备了丰富的专业知识、良好的教育技能和教育教学管理能力,才能在实践育人中发挥最大作用,为学生的健康成长和终身发展提供强有力的保障。

一、活动准备能力

小学综合实践活动实践育人是一种将实践活动与教育教学相结合的教育模式,旨在通过实践操作、互动交流、自主探究等方式,提高学生的实践能力和创新意识,培养其综合素质。其中,前辅是实践育人的第一步,是培养学生实践能力的基础。前辅是指在实践活动中,教师提前做好准备工作,为学生提供必要的支持和服务,帮助学生明确实践目标、制订实践计划、准备实践工具和材料、设计实践方案等。前辅的目的是让学生在实践中能够顺利开展活动,提高实践效率和质量。前辅的准备工作包括以下几个方面。

1. 明确实践目标

教师需要根据课程标准和学生的实际情况,明确实践活动的目标,制订具体可行的计划,确保学生在实践中能够达到预期效果。例如,在开展“我们的社区”主题实践活动时,教师可以根据课程标准和学生的实际情况,明确实践活动的目标为“认识和了解自己所在社区的基本情况”,并制订具体可行的计划,确保学生在实践中能够达到预期效果。

2. 制订实践计划

教师需要根据实践活动的特点和要求,制订详细的实践计划,包括实践的时间、地点、人员、材料、步骤等,确保学生在实践中能够按照计划进行。例如,在开展“我们的社区”主题实践活动时,教师可以根据实践活动的特点和要求,制订详细的实践计划,包括实践的时间为“下午放学后”,地点为“学校操场”,人员为“全体学生”,材料为“社区地图、调查问卷等”,步骤为“分组讨论、资料搜集、成果展示等”。

3. 准备工具和材料

教师需要根据实践活动的需要,准备必要的工具和材料,包括实验设备、实验材料、工具、器材等,确保学生在实践中能够顺利开展活动。例如,在开展"我们的社区"主题实践活动时,教师需要根据实践活动的需要,准备必要的工具和材料,包括实验设备为"地理信息系统、遥感影像等",实验材料为"社区地图、调查问卷等",工具为"绘图笔、测量仪器等",器材为"笔记本电脑、平板电脑等"。

4. 设计实践方案

教师需要根据实践活动的特点和要求,设计具体的实践方案,包括实验方法、实验步骤、实验记录等,确保学生在实践中能够按照方案进行操作。例如,在开展"我们的社区"主题实践活动时,教师需要根据实践活动的特点和要求,设计具体的实践方案,包括实验方法为观察、访谈、调查等,实验步骤为收集资料、整理资料、分析资料等,实验记录为调查表、访谈记录、观察日记等。

5. 提供支持和服务

教师需要为学生提供必要的支持和服务,包括指导、帮助、咨询、解答等,确保学生在实践中能够得到及时的指导和帮助。例如,在开展"我们的社区"主题实践活动时,教师需要为学生提供必要的支持和服务,包括指导学生如何收集和整理资料,帮助学生解决实践过程中遇到的问题,提供必要的解答和指导等。

小学综合实践活动实践育人是一种将实践活动与教育教学相结合的教育模式,通过前辅的准备工作,教师可以为学生提供必要的支持和服务,帮助学生明确实践目标、制订实践计划、准备实践工具和材料、设计实践方案等,从而确保学生在实践中能够顺利开展活动,提高实践效率和质量。前辅的准备工作包括明确实践目标、制订实践计划、准备实践工具和材料、设计实践方案,以及提供必要的支持和服务等方面。

二、活动开展能力

教师需要具备良好的教学能力和组织能力。这可以通过参加教学培训、阅读教学书籍、进行教学实践等方式来实现。只有具备良好的教学能力和组织能力,教师才能更好地组织学生进行实践活动,确保活动顺利进行,提高学生的实践能力。

实践育人教师需要具备丰富的专业知识和实践经验,能够为学生提供准确、全面、深入的知识指导。他们需要了解各个领域的最新动态和趋势,以便为学生提供最新的知识和技能。同时,实践育人教师还需要具备良好的沟通和表达能力,能够与学生进行有效的沟通和交流,帮助他们更好地理解实践活动的重要性和意义。

三、活动反思能力

随着新课程改革和素质教育的推进,小学综合实践活动在教育教学中越来越受到重视。实践育人教师作为这一领域的主力军,其活动反思能力对提高教育教学质量和培养学生的综合素质具有举足轻重的作用。

(一)活动反思能力的重要性

活动反思能力是指教师在教育教学活动中,对自身教育教学行为、教育理念、教育方法等进行自我观察、自我评价、自我调整和自我提升的能力。对于小学综合实践活动实践育人教师来说,活动反思能力具有以下作用。

1. 促进教师专业发展

活动反思能力可以帮助教师不断提高教育教学水平,促使教师不断更新教育教学理念,提升教育教学能力。

2. 提高教育教学质量

活动反思能力使教师能够更好地了解学生的需求,调整教育教学方法,提高教育教学质量。

3. 培养学生的综合素质

活动反思能力使教师能够更好地关注学生的全面发展,培养学生的创新思维、实践能力和团队合作精神。

(二)培养活动反思能力的策略

1. 加强教育教学理论学习

教师应不断学习新的教育教学理念,了解教育教学的最新动态,为自己的教育教学实践提供理论指导。

2.提高教育教学实践能力

教师应积极参加教育教学实践,不断积累教育教学经验,提高教育教学实践能力。

3.开展教学评价

教师应定期对自己的教育教学行为进行评价,反思教育教学过程中的不足,不断调整教育教学方法。

4.加强同伴互助

教师应积极参加教育教学交流活动,与同行教师分享教育教学经验和心得,相互学习和借鉴。

5.培养自我反思习惯

教师应养成定期对自己的教育教学行为进行反思的习惯,不断提高自己的教育教学能力。

四、活动评价能力

小学综合实践活动作为新课程改革的重要组成部分,旨在培养学生的实践能力和创新精神。实践育人教师在活动中扮演着至关重要的角色,他们的活动评价能力直接影响着活动的质量和效果。因此,提高实践育人教师的活动评价能力是推动小学综合实践活动深入实施的关键。

(一)活动评价能力的重要性

1.指导教师对活动进行有效管理和调控

实践育人教师的活动评价能力直接关系到活动的进行。他们需要根据活动的目标和内容,制定合适的评价标准和评价方法,对活动进行有效的管理和调控。只有这样,才能确保活动的顺利进行,使活动达到预期的效果。

2.激发学生的参与兴趣和积极性

活动评价能力强的实践育人教师,能够准确地了解学生的需求和兴趣,从而激发学生的参与兴趣和积极性。他们能够针对学生的特点,制定合适的评价方式和评价内容,使评价过程更加生动有趣,从而提高学生的参与度和积极性。

3. 促进教师的专业成长和发展

活动评价能力强的实践育人教师，能够不断反思和改进评价方式和方法，促进自身专业成长和发展。他们能够根据评价过程中的反馈，调整教学策略和方法，提高教学质量，从而提高自身的教育教学水平。

（二）提高活动评价能力的策略

1. 加强理论学习，提高评价理论水平

教师应加强评价理论的学习，掌握评价的基本原则和方法，提高评价的理论水平。只有具备扎实的评价理论基础，才能在实际活动中进行有效的评价。

2. 学习优秀案例，借鉴他人经验

教师应积极学习优秀的教育教学案例，借鉴他人的成功经验，提高自身的教育教学水平。可以通过阅读书籍、参加培训和研讨会等方式，不断丰富自己的教育教学知识和经验。

3. 参与实践活动，提高实践能力

教师应积极参与实践活动，提高自身的实践能力。只有亲身参与实践，才能更好地理解和掌握评价的方法和技巧，提高评价的准确性和有效性。

4. 加强交流与合作，促进经验共享

教师应加强与其他教师之间的交流与合作，促进经验共享。可以通过参加教师座谈会、交流会议等形式，分享评价经验和方法，共同提高评价能力。

5. 注重评价过程，关注学生发展

教师应注重评价过程，关注学生发展。教师应在评价过程中，关注学生的需求和兴趣，充分尊重学生的个性和差异，使评价更加全面、客观和公正。

五、课题研究能力

(一)课题研究的重要性

小学综合实践活动教师实践育人课题研究能力是提高教师教育教学水平、促进学生全面发展的重要手段。课题研究不仅有助于教师深入理解和把握教育教学规律,提升教育教学实践能力,还能为教师提供一个展示和交流研究成果的平台,推动教育教学改革和发展。

(二)课题研究的现状分析

目前,我国小学综合实践活动教师实践育人课题研究取得了一定的成果,但仍存在一些问题。首先,部分教师对课题研究的重要性认识不足,缺乏主动参与课题研究的积极性。其次,教师在课题研究过程中缺乏有效的组织和管理,导致课题研究进展缓慢,研究成果质量不高。最后,教师在课题研究过程中,往往过于关注理论研究,忽视实践操作,导致研究成果与实际教育教学需求脱节。

(三)提高课题研究能力的对策

(1)加强教师对课题研究重要性的认识,激发教师参与课题研究的积极性。学校和教育部门应加强对教师的培训和指导,让教师充分认识到课题研究对提高教育教学水平的重要作用,从而激发教师参与课题研究的内在动力。

(2)完善课题研究的组织和管理,提高研究成果质量。学校和教育部门应建立健全课题研究的组织和管理机制,明确课题研究的任务、目标和进度,确保课题研究有序、高效地进行。

(3)注重实践操作,提高研究成果的实用性。教师在课题研究过程中,应注重实践操作,将研究成果与实际教育教学需求相结合,提高研究成果的实用性。

(4)加强教师之间的交流与合作,促进研究成果的共享。教师应积极参与学术交流和合作研究,分享研究成果,促进研究成果的共享,共同推动教育教学改革和发展。

六、活动洞察能力

教师需要具备多种能力和素质,才能有效地履行自己的职责。其中,敏锐的教育洞察力是实践育人教师必备的一项重要素质。教育洞察力是指教师对学生需求、兴趣和教育发展趋势的敏锐洞察能力。在实践中,教育洞察力可以帮助教师更好地理解学生的学习需求,为他们提供有针对性的指导。

(一)教师需要具备观察力

教师观察力对于提高课堂活动效率至关重要。在现代教育理念中,教师的角色发生了根本性的转变,他们不再仅仅是知识的传授者,更是学生学习的引导者和合作伙伴。在这个过程中,教师观察力的重要性不言而喻。教师只有具备较强观察力,才能准确地了解学生的需求和兴趣,从而为学生提供更加个性化和有针对性的教学。

(1)提高教师观察力是实现学生课程理念转变的关键。教师观察力是教师专业素养的重要组成部分,它不仅涉及教师对学生的行为和表现的关注,更涉及教师对学生的情感、态度和价值观的把握。

(2)现代教育技术发展为提高教师观察力提供新契机。现代教育技术为教师提供了丰富的教学资源和便捷的教学手段,使教师更加直观、深入地了解学生的学习状况。教师可以通过观察学生的学习行为,了解学生的学习习惯和方式,从而为学生的个性化学习提供有益的建议。

(3)教师还可以通过观察学生的课堂表现,了解学生的学习兴趣和动力,从而调整教学策略,提高教学效果。

(二)教师需要具备分析能力

分析能力可以帮助教师对学生的需求和兴趣进行分析,以便更好地制订教学计划和教学内容。实践育人教师需要与学生、家长和其他教师进行有效的沟通和合作,更好地了解学生的需求和兴趣,做好课程分析,根据学生的能力特点、年龄特点、兴趣需求调整教学计划内容。

第三节　小学综合实践活动实践育人中的教师成长

　　小学综合实践活动师资队伍面临严重短缺、参差不齐的现状,而实践育人中的教师成长又是一个多方面、多层次的过程。学校需要为教师的成长搭建平台,不断提升教师的专业素养和教育能力。只有这样,才能更好地实现实践育人的目标。

一、小学综合实践活动实践育人教师队伍的现状

　　随着我国教育改革的深入,小学教育越来越注重实践育人的理念。综合实践活动作为小学教育的重要组成部分,旨在培养学生的实践能力、创新精神和团队合作意识。然而,在实践育人过程中,小学综合实践活动实践育人教师的现状却不容乐观。要解决这些问题,需要政府、学校、教师和家长共同努力,提高实践育人教师的素质,完善评价机制,关注实践育人课程的实施,共同为培养具有实践能力、创新精神和团队合作意识的新时代人才贡献力量。

1. 实践育人教师的数量不足

　　根据《中小学综合实践活动课程指导纲要》的规定,小学阶段应设置综合实践活动课程,并确保每周课时不少于 1 课时。然而,在实际教学中,很多学校由于师资、设备等条件限制,很难保证综合实践活动课程的开设。此外,一些教师对综合实践活动课程的重要性认识不足,导致他们在课程设置和教学过程中存在疏忽之处。

2. 实践育人教师的素质参差不齐

　　一方面,部分教师对实践育人课程的理念和方法认识不清,教学过程中存在盲目性;另一方面,一些教师实践经验不足,难以满足综合实践活动课程的教学要求。

3. 实践育人教师的评价机制不完善

　　虽然我国教育部门已经制定了一系列关于综合实践活动课程的政策和规定,但在实际操作中,很多教师和家长对实践育人课程的评价存在误区。

评价机制的不完善导致实践育人教师的教学效果难以得到有效保障,影响了实践育人课程的实施效果。

4. 学校和社会对实践育人教师的关注度不够

在应试教育的大背景下,很多家长、学校和社会更加关注学生的学业成绩,忽视了实践育人课程的重要性。这种现象使得实践育人教师在教学过程中面临很大的压力,影响了实践育人课程的实施效果。

二、小学综合实践活动实践育人教师存在问题

随着教育改革的不断深入,小学综合实践活动逐渐成为教育的重要组成部分。然而,在实践育人过程中,教师面临着诸多问题。

1. 教师对综合实践活动认识不足

一些小学教师对综合实践活动课程重视程度不高,对综合实践活动的内涵和意义认识不足,课程实施过程中一味照本宣科,忽视学生自主性和实践性,活动内容单一缺乏实践创新。语文、数学、英语学科教师"占课、挪课"的现象时有发生,重成绩、轻实践使得学校无法有效落实综合实践活动课程,导致活动效果不理想,无法发挥其对学生发展核心素养的重要作用。同时,部分教师对综合实践活动课程理念、性质、目标不明晰,缺乏活动开展信心,认为其效果不明显,不能真正提高学生的综合能力和素养。

2. 教师综合实践能力不足

一方面,一些教师在教学过程中过于依赖教材和教参,缺乏灵活性和创新性;另一方面,一些教师在教学过程中容易忽视学生的实践需求,导致教学效果不佳。

3. 教师指导方式不当

在综合实践活动中,教师应充分发挥指导作用,引导学生进行实践探究。然而,在实际教学过程中,部分教师指导方式不当,过于强调自己的权威地位,忽视了学生的自主性和创造性。此外,部分教师在指导过程中,过于注重结果,忽视了过程和方法,导致学生实践能力的培养受到影响。

4.教师评价机制不完善

在综合实践活动中,教师评价机制的完善与否直接关系到活动的有效开展。然而,目前我国小学综合实践活动评价机制尚不完善,评价标准不明确,评价方式单一,这不仅影响了教师的教学质量,还可能对学生的实践能力和创新精神造成负面影响。

三、小学综合实践活动实践育人教师培养路径

(一)抓青年教师培养

青年教师刚入职时如同一张白纸,可塑性和课程理念接受能力强,他们是学校开展综合实践活动的主力军,学校可以根据县域教师招聘、本校教师队伍年龄结构、学历结构、任教学科结构分层吸收培养综合实践活动专兼职教师队伍。

首先,永安市从 2013 年开始,每年从应届大学毕业生中招聘 2 ~ 6 名中小学综合实践活动教师,考生报考时不受学科专业限制。设置这样的招考条件,可以为更多考生打开就业通道。其次,各校通过聘请省、市教育学院综合实践活动学科组专家进校开展教师培训,做好本校新入编综合实践活动专兼职教师"培青"工作,建立健全青年教师培养管理制度,转变综合实践活动教师课程理念,提升课程开发、活动组织开展、活动评价、实践育人和指导能力。制定青年教师成长总体目标,一年入门、二年过关、三年达标、五年成熟,争取七到八年成为学校教学骨干。

(二)组建教研组

教师是组织者和引导者,在学校教育教学活动中发挥重要的作用。教师教学方式的变革,教师教育教学水平的高低,课程理念的认识与理解水平,都决定着学生德智体美劳的全面发展和落实。

《教育部关于积极推进中小学评价与考试制度改革的通知》要求学校建立以校为本、自上而下的教学研究制度。永安市巴溪湾小学结合"生命拔节"教育理念,注重各教研组建设,组建语文、数学、英语、美术、音乐、体育、道德与法治、综合实践活动教研组,提升集体备课质量。

（三）成立名教师工作室

名教师工作室是一个由一定区域内的名师引领的教师专业发展共同体，是优秀教师共同学习、互勉共助、集体成长的平台，成员来源于教育教学一线，能主动进行教育教学改革，具有较强的教育教学能力及研究能力。名师工作室的"引领"是关键，"发展"是核心，"研究"是内涵。

永安市重视各学科工作室组建和培育，从 2020 年各学科工作室授牌开始，工作室成员在学科教学、职称晋升、课题研究、论文撰写等方面成绩突出。小学综合实践活动张孝芬名师工作室建设成效显著，其成员陈晓燕获三明市综合实践活动优质课奖，陈晓燕、余芳芳、黄婷获永安市教师技能大赛一等奖，黄婷、陈晓燕获三明市教师技能大赛一等奖，邱清兰、陈秀美晋升综合实践活动副高教师，陈晓燕等 5 位成员为永安市综合实践活动学科带头人，省、市、县立项课题 6 项，结题 4 项。

（四）注重评价激励

永安市各小学全面开展教师队伍"五比五争当"活动，体现"乐教爱生，为人师表"的教师价值观，要求老师与时俱进、加强学习：既要学习有字之书，每周至少阅读一本教育专著，做好读书笔记和阅读交流，也要读无字之书，向身边的榜样学习，向教育战线上的楷模学习。巴溪湾小学注重通过全校师生集会鼓励表扬优秀的教师，及时通过教师微信群表扬老师无私奉献的点滴小事，向上级组织积极推荐优秀教师，组织力量采写教师教育教学故事，通过微信公众号《教师风采》专栏报道教师的育人故事 30 期。同时非常重视教师德能勤绩各方面综合考评，定性与定量评价结合。

1. 表彰奖励一批优秀教师

福建省优秀辅导员 1 人，三明市优秀教师 1 人，三明市师德标兵 2 人。

2. 教坛涌现一批骨干教师

福建省"十三五"名校长 1 人、福建省学科带头人 2 人，三明市学科带头人 6 人、骨干教师 9 人，三明市名校长 1 人。永安市综合实践活动学科带头人 5 人，永安市综合实践活动名师工作室领衔人 1 人，永安市教师进修学校综合实践活动教研员 1 人。

3.比武赛出一批卓越教师

教师技能大赛省级一等奖 1 名,三等奖 1 名,三明市一等奖 5 名,永安市一等奖 6 名;一师一优课部级 5 名,省级 2 名,三明市 1 名,永安市 2 名。

4.管理练就一批出彩干部

学校 1 位同志被提拔到教育局担任副局长,13 位同志分别被永安市教育局提拔到兄弟学校任校长、书记、副校长等。

第八章　小学综合实践活动实践育人与学校发展

实践育人是学校教育的重要组成部分,对于培养学生的综合素质能力、学校育人课程体系、学校协同育人建构,以及提升学校影响力等方面具有重要意义。学校应注重实践育人的实施,提高学生的实践能力和创新能力,注重实践育人的协同育人建设,以更好地实施实践育人,促进学校的发展。

第一节　小学综合实践活动实践育人与学校文化

学校文化是实践育人中不可或缺的要素。学校文化是一个学校的灵魂,是学校的特色和品牌。学校文化可以促进学生的全面发展,提高学生的综合素质,培养学生的创新精神和实践能力。在实践育人中,学校文化发挥着至关重要的作用。

一、综合实践活动课程在新课标体系中的价值

1. 集中体现新课标的核心理念和价值追求

新课标强调学生的主体性、探究性、合作性和创造性,而综合实践活动课程正是通过实践性、开放性、综合性、自主性等方式,帮助学生充分发挥主体性,培养他们的探究精神和创新意识。

2. 以学校育人观念的更新、学校课程的重建为基础

在传统的教学模式下,教师容易忽略学生的创造力,不利于学生个性化发展。而新课标对教学方法提出新要求,借助小学综合实践活动课程,可以

依据其自主性、开放性、综合性、实践性来提升学生的主体地位,教师根据课程性质,按照学生学习特点开展教学,在提升教学质量的同时,也提高了学生的学习主体性。

3. 强调实践性学习方式的运用

综合实践活动课程注重操作、制作、尝试,重视学科知识技能的实践性运用,有助于克服知行脱节、理论与实践的分离。这门课的开设可以有效地沟通学科知识,面向学生的"生活世界",密切加强学生与生活、与社会的联系,加强学生对自然、对社会的了解与参与,引导学生深入自然、社会、情感领域,自主探索、活动、实践、体验、发展,培养学生的创新精神和实践能力。

4. 为学生建构了一种开放的学习环境

综合实践活动课程为学生提供了获取知识的多种渠道以及将学到的知识加以综合并运用到实践中去的可能。小学综合实践活动课程更深层次的价值追求不是对儿童进行科学训练,而是使教育在理论和实践的层次上回归儿童的本性、建构学生的健全人格。开发综合实践活动课程资源可以激发学生参与课程建设的兴趣,调动学生多种感官参与课堂教学,使学生身临其境,在这一过程中增长知识、陶冶情操,形成正确的价值观和人生观。

二、小学综合实践活动实践育人助力学校强基的现实依据

(一)时代诉求

1. 时代发展对基础教育的挑战

《国家中长期教育改革和发展规划纲要(2010—2020 年)》指出:"以人为本,全面实施素质教育,是我国教育改革和发展的战略主题。"强调培养儿童、青少年的学习能力、实践能力和创新能力,创新人才培养体系是教育改革和发展的突破口。从总体上说,综合实践活动课程的设计和实施是时代发展对中小学生素质发展的内在要求,也是基础教育通过变革人才培养模式的需求。

2. 改革中小学课程教学弊端的需要

综合实践活动课程的设计与实施,不仅是时代发展的需要,也是改革长

期以来中小学课程教学局限性的要求。综合实践活动课程的设计和实施可以有效克服教学目标单一、教学脱离社会实际和学生生活、学习方式单一的问题。

3. 综合实践活动是人的发展的诉求

2017 年 9 月，教育部颁布的《中小学综合实践活动课程指导纲要》明确指出综合实践活动是义务教育阶段国家规定的必修课程，是国家新一轮基础教育课程改革开设的新型课程，是基础教育改革的基本理念和核心目标，是新课程的亮点。

(二)政策依据

习近平总书记于 2018 年 9 月 10 日在全国教育大会上明确指出：在党的坚强领导下，全面贯彻党的教育方针，坚持马克思主义指导地位，坚持中国特色社会主义教育发展道路，坚持社会主义办学方向，立足基本国情，遵循教育规律，坚持改革创新，以凝聚人心、完善人格、开发人力、培育人才、造福人民为工作目标，培养德智体美劳全面发展的社会主义建设者和接班人，加快推进教育现代化、建设教育强国、办好人民满意的教育。

(三)课程依据

综合实践活动是从学生的真实生活和发展需要出发，从生活情境中发现问题，转化为活动主题，通过探究、服务、制作、体验等方式，培养学生综合素质的跨学科实践性课程。

综合实践活动是国家义务教育和普通高中课程方案规定的必修课程，与学科课程并列设置，是基础教育课程体系的重要组成部分。该课程由地方统筹管理和指导，具体内容以学校开发为主，自小学一年级至高中三年级全面实施。

(四)学校发展需要

1. 加强学校课程建设是培育学生核心素养的需要

培养孩子，最重要的是什么？相信大家都很清楚，不是成绩和分数，而是能力和素养。《国家中长期教育改革和发展规划纲要(2010—2020 年)》

中明确提出要"促进每个学生主动地、生动活泼地发展","为每个学生提供适合的教育","重点是面向全体学生、促进学生全面发展,着力提高学生服务国家人民的社会责任感、勇于探索的创新精神和善于解决问题的实践能力"。

学校生命拔节教育理念融入综合实践活动课程,就是让学生通过实践活动来认识事物,培养其探究和创新意识,增强实践能力,形成优良品质,从而使学生的核心素养得到全面、和谐、可持续的发展。

2. 促进学校文化积淀是构建学校特色文化的需要

《中小学综合实践活动课程指导纲要》中的课程规划指出,中小学校是综合实践活动课程规划的主体,应在地方指导下,对综合实践活动课程进行整体设计,将办学理念、办学特色、培养目标、教育内容等融入其中。目前,永安市巴溪湾小学正以"生命拔节教育"为办学理念,以"培养热爱生命的人"为办学目标,以"凝心聚气,追逐生命拔节的幸福"为校园文化核心,让学生在实践、体验、领悟等学习过程中,在获得丰富审美体验的同时,传承我国优秀的民族文化,弘扬中华传统美德,重视学生全面而富有个性地发展,把学生培养成为"七德"美少年,让教师成为生命拔节教育的"七者"好老师,全面提高学校办学水平。

3. 践行生命拔节教育理念是培养学生健康全面发展的需要

长期的"应试教育"造成学生被动学习、不会学习,不仅严重影响学生的身心健康,而且还影响了学生个性的发展。长此以往,会造成学生厌学弃学、发展受阻的不良后果。

学校立足当地实际,从培养学生热爱家乡的情感角度出发,以"生命拔节教育"为办学理念,推行生本、生态、生活的"三生六步"教学模式,积极营造"凝心聚气,追逐幸福"的校风,"正直、善群、奉献、进取"的教风和"坚韧不拔,节节向上"的学风,认真扎实开展各项教育教学活动。

三、小学综合实践活动实践育人协同育人机制

新时代背景下,小学综合实践活动课程实践育人助力学校发展,应建构学科、教师、场域协同育人机制。小学教育的发展需要我们深入挖掘和利用各种教育资源,尤其是综合实践活动课程,以实现学校育人的全面发展。为

了更好地发挥综合实践活动课程的作用,我们需要建构一个由学科、教师和场域共同参与的协同育人机制。

1. 学科是教育的基础,是教师教学的核心内容

在综合实践活动课程中,将各学科知识有机地融合在一起,以提高学生的综合素质。例如,在语文课程中,教师可以通过阅读、写作等活动,培养学生的阅读理解能力和写作能力;在数学课程中,教师可以通过实际操作、数学建模等活动,培养学生的创新思维和实践能力。

2. 教师是教育的主体,是学生学习的引导者和指导者

在综合实践活动课程中,充分发挥教师的主导作用,引导和帮助学生进行深入的实践活动。例如,教师可以提供相关的学习资料,组织学生进行实地考察,或者指导学生进行深入的研究。同时,教师还应具备丰富的专业知识和实践经验,能够根据学生的实际情况和需求,制定合适的教学策略和方法,提高学生的学习效果和综合素质。

3. 场域是学生学习的重要环境,是学生实践的重要场所

在综合实践活动课程中,我们需要充分利用各种场域资源,为学生提供丰富多样的学习体验。例如,学校可以组织学生进行社会实践活动,如参观博物馆、公园等,或者组织学生进行户外拓展活动,如徒步、露营等。这些活动能够帮助学生更好地了解社会,提高他们的实践能力和团队协作能力。

4. 学校加强与家庭和社会的合作,共同参与学生的综合实践活动

家庭是学生的第一个教育场所,他们对学生的教育和成长起着至关重要的作用。学校可以与家长建立良好的沟通机制,共同制订学生的学习计划和目标,共同参与学生的实践活动,共同促进学生的全面发展。社会也是学生学习的重要场所,它能够为学生提供丰富的学习资源和实践机会。学校可以与社区、企业等社会组织建立合作关系,共同开展实践活动,共同为学生提供学习和发展的空间。

四、小学综合实践实践育人与课程建构

（一）融入学校办学理念

综合实践活动课程可以促进学生全面发展，还可以促进学校高质量发展。永安市巴溪湾小学在"生命拔节教育"办学理念的指导下，以综合实践活动课程为载体，开展跨学科主题学习，促进校本课程开发，提升学科课程与活动课程协同育人效果，充实学校体育节、读书节、科技节、劳动实践节、艺术节活动，最终撬动学校特色发展。

巴溪湾小学位于福建省永安市人民政府附近，燕南街道马夷口路 218 号，校园占地总面积 27 599 平方米，建筑总面积 21 828 平方米。学校于 2015 年 9 月 1 日正式投入使用。学校建校之初有教学班 23 个，学生 1180 人，教师 52 人；现有 74 个教学班，学生 3780 人，教师 187 人，其中高级教师 6 人，省学科带头人 2 人，三明市学科带头人 8 人，永安市学科带头人 21 人。

学校立足于当地丰富的竹资源和竹文化实际，从培养学生热爱家乡的情感角度出发，以"生命拔节教育"为办学理念，以"培养热爱生命的人"为办学目标，以"凝心聚气，追逐生命拔节的幸福"为校园文化核心，以"厚德行善涵养生命"为办学宗旨，以"虚怀亮节"为校训，广泛开展生态、生活、生命教育，积极培育"凝心聚气，追逐幸福"的校风，"正直、善群、奉献、进取"的教风和"坚韧不拔，节节向上"的学风，培育"七德"美少年，争做"七者"好教师。学校启用"总校带分校"的孵化模式，遵循市教育局提出的"办一所走向未来的学校"要求，全面实施总校制办学模式。分校构筑"生有品学、师有品格、校有品牌、家有品育"为特征的新时代永安教育管理，提出了"基于'生命拔节教育'理念下的雏燕筑基"办学主张，学校将遵循"高起点、高标准、高品质"的目标定位，按省义务教育标准化学校进行建设。学校试行同堂双师管理，构建最前沿的课堂管理模式。努力建设成富有新时代特色的未来学校，助推学生全面而富有个性地发展。

（二）制定学校综合实践活动课程规划

学校要根据办学文化和特色制定出有效的综合实践活动课程规划，为学生的全面发展提供有力支持。学校需要先深入研究并理解《中小学综合

实践活动课程指导纲要》中的相关要求,明确课程目标。课程目标作为综合实践活动课程在学校层面上的具体体现,也反映了学校的教育理念。根据学校的实际情况,结合指定的四个领域,对各个年级和阶段制定相应的规划和规定。课程目标可以从年级能力目标、阶段目标和课时目标三个维度进行系统化、逐步提升的设计。在具体制定课程规划时,学校应遵循以下原则。

1.系统性

综合实践活动课程涉及多个领域,需要学校对各个领域进行系统化的规划和安排。学校需要明确各领域的目标和内容,确保各个领域能够有序、有效地开展。

2.针对性

学校应根据学生的实际需求和特点,制定具有针对性的课程规划。课程规划应充分考虑学生的兴趣爱好、特长和能力,为学生的全面发展提供有力支持。

3.可操作性

学校应确保课程规划能够实际操作,教师能够按照规划进行教学,学生能够按照规划进行学习。

4.创新性

学校应结合实际情况,积极探索新的课程模式和方法,为课程规划注入新的活力。

(三)构建实践育人课程体系

永安市巴溪湾小学根据 2001 年教育部印发的《基础教育课程改革纲要(试行)》、2017 年教育部印发的《中小学综合实践活动课程指导纲要》、2020 年教育部印发的《大中小学劳动教育指导纲要(试行)》文件,《义务教育劳动课程标准(2022 年版)》,加强各学科和相关领域的整合,正确处理好综合实践活动和劳动教育与其他学习领域的关系,正确区分综合实践活动和劳动教育的区别和联系,做好劳动教育与综合实践活动的社区服务、考察探究、设计制作、职业体验四活动方式融合,关注实践类课程和语文、数学、英语、科学、艺术、体育与健康、道德与法治等学科课程的跨学科主题学习、项目式学习的融合,通过综合实践课程开发实施推动学校教育全面高质量发展,以"生命拔节教育"为办学理念,以"培养热爱生命的人"为办学目标,加强综合实践课程体系建设的顶层设计,构建"生本、生态、生活"三生课程体系。

第二节　小学综合实践活动实践育人与学生发展

实践育人是教育改革的重要组成部分,旨在培养学生的实践能力和创新精神。在小学阶段,实践育人的教育理念已经深入人心,成为广大教育工作者的共识。实践育人不仅是提高学生综合素质的有效途径,更是培养他们成为有理想、有道德、有文化、有纪律的社会主义建设者和接班人的重要手段。小学综合实践活动实践育人需要各学校和教师有充分的耐心,从学生能力发展和全面发展的角度提升实践育人的效果,保证实践育人的顺利进行。

一、综合实践活动课程核心素养的导向作用

2016 年 9 月发布的《中国核心素养》提出要培养学生的人文底蕴、科学精神、学会学习、健康生活、责任担当、实践创新六大核心素养,这与综合实践活动课程的突出学生主体、面向学生完整的生活世界、为学生提供个性发展空间、发展创新和实践能力相吻合,有着紧密的联系,二者都注重学生的全面发展,注重学生的个性和实践能力的培养。

1.人文底蕴

综合实践活动课程可以帮助学生深入了解不同文化、历史和社会背景下的知识和价值观,培养学生的人文素养和批判性思维。通过参与各种实践活动,学生可以更好地理解人类文明的发展和演变,培养对人类文明的尊重和理解。

2.科学精神

综合实践活动课程可以帮助学生掌握科学方法和科学思维方式,培养学生的科学素养和创新能力。通过参与各种实践活动,学生可以更好地理解科学知识在实际生活中的应用和意义,培养学生的科学素养和探究精神。

3. 学会学习

综合实践活动课程可以帮助学生培养自主学习的能力和习惯,提高学生的学习效率和自主学习能力。通过参与各种实践活动,学生可以更好地理解学习的意义和价值,培养学生的学习兴趣和动力。

4. 健康生活

综合实践活动课程可以帮助学生了解健康生活方式和保健知识,培养学生的健康素养和生活习惯。通过参与各种实践活动,学生可以更好地理解健康的重要性,培养学生的健康意识和行为习惯。

5. 责任担当

综合实践活动课程可以帮助学生培养责任感和使命感,培养学生的社会责任感。通过参与各种实践活动,学生可以更好地理解社会和自己的角色和责任,培养学生的社会意识和行为习惯。

6. 实践创新

综合实践活动课程可以帮助学生提高实践能力和创新能力。通过参与各种实践活动,学生可以更好地理解实践和创新的重要性,培养学生的实践和创新意识。

二、综合实践课程实践育人提升学生能力

实践育人作为一种新型的教育理念,强调将学生的学习过程与实际生活相结合,通过实践活动,学生将理论知识转化为实际能力。实践育人有助于提高学生的实践能力、创新思维能力,沟通交流等能力,推动学校高质量发展。

1. 提高学生实践能力

在实践中,学校可以开设各种综合实践活动课程,如社会实践、科技创新、艺术实践等,让学生在实践中学习和成长。学校还可以组织各种实践活动,如实地考察、竞赛、演出等,让学生在实践中锻炼和提高。学校还可以鼓励学生参加各种实践活动,如志愿服务、社会实践等,让学生在实践中锻炼自己的能力和品质。通过这些实践活动,学生可以将理论知识应用到实际中,从而加深对知识的理解和掌握,提高学生的动手能力及解决问题的能力。

2.培养学生创新思维能力

在实践中,学生需要面对各种问题和挑战,需要不断思考和解决问题。这种思考和解决问题的过程可以激发学生的兴趣和好奇心,使他们更加积极地参与实践活动,培养学生的创新能力和思维能力,让学生更加独立和自主。例如,在科技创新课程中,学生需要面对各种技术问题和挑战,需要不断思考和解决问题。在这个过程中,学生可以学习如何独立思考、解决问题、创新思维等。

3.培养学生沟通协作能力

在实践中,学生还需要与同学和老师进行交流和合作,这可以培养学生的沟通能力和协作能力,让学生在学习中更加注重团队协作和沟通社交。例如,在社会实践中,学生需要与同学一起完成各种任务,需要相互协作、沟通、解决问题。在这个过程中,学生可以学习到如何与他人沟通、协作、解决问题等技能,这些能力对于学生未来的职业发展和社交能力都有着重要的影响。

4.培养学生适应能力

在实践中,学生需要面对各种不同的情境和环境,需要适应和应对各种变化。这种适应和应对的能力可以培养学生的应变能力和适应能力,让学生更加灵活和开放。例如,在实地考察课程中,学生需要面对各种不同的环境和情境,需要适应和应对各种变化。在这个过程中,学生可以提升适应各种变化的能力,学会分析、解决问题。

5.培养学生抗挫折能力

在实践中,学生会面对各种困难和挫折,需要坚持不懈和努力。这种坚持不懈和努力的精神可以培养学生的毅力和韧性,让学生更加坚强和自信。例如,在志愿服务课程中,学生需要面对各种困难和挫折,需要坚持不懈地完成各种任务。在这个过程中,可以培养学生努力奋斗、克服困难等方面的能力。

三、综合实践课程实践育人的学生发展

实践育人可以让学生在实际操作中感受到成就感和自豪感,从而提高学生的自信心和自尊心。同时,实践育人也可以培养学生的团队合作精神

和责任感,让学生在实践中学会与他人协作,共同完成任务。这些素质的培养不仅可以提高学生的综合素质,也可以为学生的未来职业发展打下坚实的基础。

1. 实践育人活动助力学生拔节成长

培养"七德"美少年,促进学生拔节成长。2019 年,永安市巴溪湾小学曹思洋、杨瀚创作(陈晓燕、叶香兰老师指导)的科普动画《夜空中最亮的星》斩获第十届全国青少年科学影像节科普动画最高奖"科学万花筒"最佳作品奖、科普动画一等奖、最佳创作团队奖及十佳公众喜爱作品四项大奖。

2. 实践育人评价体系助力学生拔节成长

永安市巴溪湾小学立足永安市当地丰富的竹资源和竹文化实际,从培养学生热爱家乡的情感角度出发,以"生命拔节教育"为办学理念,以"培养热爱生命的人"为办学目标,以综合实践活动实践育人构建多元评价为依据,构建"七德"美少年绿色发展评价体系,突出评价对学生的发展价值。评价体系涵盖对学生道德与法治意识——正直,责任意识——担当,少年样态——质朴,团队意识——善群,学习态度——奋进,学业质量——卓尔,身心素质——虚怀等七个方面的内容,正直、担当、质朴、善群、奋进、卓尔、虚怀与竹子精神对应,培育正直娃、担当娃、质朴娃、善群娃、奋进娃、卓尔娃、虚怀娃。

学校"七德"美少年绿色发展评价体系重视日常评价与阶段性评价相结合,每个班每天通过学生自评、同学评、教师评,每天评选 5 个有点滴进步的学生为学校"七德美少年拔节星",当日在学校微信公众号和校园内的"榜样贴"风采展示发布,每周各班推荐一名全面发展的学生为"七德美少年金竹娃",每学期评选学校"七德"美少年。学校绿色评价体系与综合实践活动坚持学生成长导向、开展科学评价相吻合,凸显学生素养提升的生本作用,促进学生健康全面发展。

第三节　小学综合实践活动实践育人与学校拔节

随着社会的进步,学校教育正在逐步从传统的知识传授转向实践育人。实践育人作为学校教育的重要组成部分,对于培养学生的创新能力和实践能力具有显著的效果,同时,实践育人也可以提高学生的社会经验和实际操作能力,使学生更好地适应社会,提高学生的就业竞争力,还可以培养学生的团队合作精神和责任感,促进学生健康成长、学校全面发展。

一、措施办法

为了提升学校的综合实践能力,进而推动学校全面发展,我们需要从实践育人的角度进行深入研究和探讨。实践育人是学校教育的重要组成部分,它以实践为导向,以学生为中心,旨在通过实践操作,提高学生的实践能力和实际操作能力,从而为他们的未来职业生涯打下坚实基础。

1. 加强实践教学的力度

加强实践教学的力度包括增加实践教学的课程和时间,让学生有更多的机会进行实践操作。实践教学不仅可以提高学生的实践能力,还可以激发他们的学习兴趣,提高他们的创新思维和团队协作能力。此外,实践教学还可以帮助学生将理论知识与实际应用相结合,提高他们的学习效果。

2. 加强教师实践教学能力

教师是实践育人的重要推动者,他们的实践教学能力直接影响到学生的实践能力。因此,学校应加强对教师的培训和指导,提高他们的实践教学水平。这包括提供实践教学的培训课程,定期组织教师进行实践教学的交流和分享,以及定期评估教师的实践教学效果,为教师提供改进实践教学的机会。

3. 加强校企合作的效度

校企合作是实践育人的重要途径,它为学生提供了更多的实践机会,使学生有更多的机会进行实践操作。学校可以与企业合作,共同开发实践教学课程,共同举办实践教学活动,共同培养学生的实践能力。此外,学校还可以与企业合作,为学生提供实习和就业的机会,帮助学生更好地了解和实践他们的专业知识。

4. 加强实践育人宣传和推广

实践育人是学校教育的重要组成部分,但许多学生和家长对其重要性认识不足。因此,学校应加强实践育人的宣传和推广,让更多的人了解和实践育人的重要性,提高他们对实践育人的认同感和参与度。

二、价值影响

永安市巴溪湾小学2015年建校,10年来始终将综合实践活动课程实践育人理念与学校"生命拔节教育"的办学理念融合,在实践活动中落实四个目标:学生品行特质"出众"、教师专业水平"出色"、管理实施策略"出新"、学校办学质量"出名"。实现三个增值:学生增值——良好习惯养成,学业水平提高,争当"七德美少年";教师增值——责任意识增强,教学艺术娴熟,争做学校"七者好教师";学校增值——文化特色增强,办学水平提高,社会影响扩大。

(一)提高学校的教学质量

传统的教学方式注重知识的传授和考试成绩,而实践育人则更注重学生的实际能力和素质。实践育人可以让学生在实践中发现问题、解决问题,从而加深对知识的理解和掌握。同时,实践育人也可以提高教师的教学水平,教师可以通过实践教学的指导,更好地掌握教学方法和技巧,提高教学质量。

永安市巴溪湾小学成立时间较短,为提升学生学业质量,学校围绕生命拔节教育理念,注重提升学生能力素养的全面提升。每学年设立体育节、读书节、科技节、劳动实践节、艺术节:在体育节中开展班班篮球、足球赛活动以提升运动技能;在读书节中开展淘宝书市活动,以提升学生活动策划、沟通、协同配合等实践能力;在科技节中开展班班模型创制活动,以提升学生科技感悟能力和创新实践能力;在劳动实践节中开展班班劳动周和班班劳动评比实践活动,提升学生劳动能力、增强劳动意识、养成良好劳动习惯,从而全面提升学业质量。学校建校10年来,实践育人活动深受学生喜爱、家长认可、社会好评,学生学业成绩名列城区同类学校第一。

(二)促进学校的可持续发展

实践育人可以让学生在实践中了解环保、节能等可持续发展理念,从而培养学生的环保意识和责任感。同时,实践育人也可以促进学校的可持续发展,通过实践教学,可以降低教学成本,减少资源的浪费,从而实现学校的可持续发展。

(三)提升学校办学质量

1.综合实践活动课程有效提升学生实践能力

在实践中,学生可以运用所学知识,解决实际问题,从而增强学习的趣味性和实用性。这种实践性也使得学校能够更好地结合地方特色,开发出具有地域特色的实践课程。

2.综合实践活动课程注重学生个性化发展

在实践中,学生可以根据自己的兴趣和特长选择活动,这有助于提升学生的学习积极性,培养学生的自主性和创造力。这种个性化的发展,使得学校能够更好地满足学生的需求。

3.综合实践活动课程提升学生的综合素质

在实践中,学生可以学习到很多书本上没有的知识,这有助于拓宽学生的视野,提升学生的综合素质。这种综合素质的提升,使得学校能够更好地培养学生的创新精神和实践能力。

4.综合实践活动课程促进学校与社会互动

在实践中,学校可以邀请社会各方面的专家和志愿者来校,为学生提供实践指导,这有助于提升学校的办学水平。同时,学校也可以将学生的实践活动与社会实践相结合,使学校教育与社会教育相互促进。

(四)优化学科课程效果

以综合实践活动主动、实践性、探究性课程理念引领语文、数学、英语等学科教学,在学科教学、学科系统理论知识与学生生活实际之间搭起一座相互融通的桥梁,开展跨学科主题实践活动,让学科课程与综合实践活动的融合中焕发出旺盛的生命力,帮助学生提高综合素质,促进其全面健康发展,为各学科教学带来新的生机和活力。

（五）提升学校影响力

1. 办学规模增长

永安市巴溪湾小学建校至今 10 年时间,教学成绩连续居永安市城区同类校第一,班级规模由 2015 年建校之初的 23 个教学班迅速发展到现在的 74 个教学班。

2. 窗口效应放大

学校现被列为"中国好老师公益行动计划基地校""全国零犯罪学校""全国青少年校园足球特色学校""全国青少年校园篮球特色学校""全国青少年人工智能活动特色单位""福建省义务教育管理标准化学校""福建省校园文化美育环境（培育）示范校""福建省义务教育教改示范性建设学校""福建省软件编程等级考试实践基地""福建省中小学劳动教育实践特色项目校""三明市委教育工委党建工作示范点""三明市中小学心理健康教育示范校""三明市少先大队改革工作示范校""三明市书香墨香示范校""三明市师范生教育实践基地"等。

2018 年 3 月,时任福建省副省长杨贤金莅临学校视察调研后,对学校办学思路、举措及成效给予了高度评价:"生命拔节教育有新时代气息,学生们在这里可以得到全面而富有个性的发展。"

2020 年 8 月,时任教育部基础教育司司长吕玉刚调研时表示,永安市巴溪湾小学以"生命拔节教育"为办学理念,围绕"做'七者好教师'育'七德美少年'"教育主线,探索开展"STEM+"课程和开发"用竹、品竹、悟竹"综合实践活动实践育人校本课程,在建校 5 年内就办成优质校。该校的办学理念具有新时代气息,重视传承中华优秀传统文化,适合学生的成长规律,与地域文化相融合。

参考文献

［1］陈树杰. 综合实践活动课程引论［M］. 北京：首都师范大学出版社，2014.

［2］郭元祥. 综合实践活动课程与教学论［M］. 北京：人民教育出版社，2013.

［3］马春晖. 高中综合实践活动与劳动教育［M］. 郑州：郑州大学出版社，2021.

［4］关春霞，夏霞，肖陶然，等. 综合实践活动60问［M］. 北京：知识产权出版社，2021.

［5］胡扬洋，白欣. 综合实践活动课程与教学［M］. 北京：北京师范大学出版社，2022.

［6］杨培禾，曹温庆. 综合实践活动课程论［M］. 北京：首都师范大学出版社，2019.

［7］黄丽蓉. 深度学习：推动小学综合实践活动高质量教学［M］. 福州：福建教育出版社，2022.

［8］钟启泉，崔允漷，张华. 为了中华民族的复兴　为了每位学生的发展：《基础教育课程改革纲要（试行）》解读［M］. 上海：华东师范大学出版社，2001.

［9］林胜贵. 创思实践活动指南［M］. 福州：福建科学技术出版社，2019.

［10］赵霞. 研学旅行在烟台［M］. 济南：山东友谊出版社，2018.

［11］余永秀. 实践育人理念下美国中学服务学习研究［D］. 延吉：延边大学，2022.

［12］王毅. 初中研学旅行实践育人研究［D］. 长沙：湖南大学，2021.

［13］郭元祥. 实践育人的基础与形态［J］. 教育家，2023（23）：7-8.

［14］殷世东，王笑地. 跨学科主题学习与综合实践活动应殊途同归［J］. 福建教育，2022（30）：21-24.

[15]成尚荣.实践育人的理论基础、核心要义与基本形态[J].中国教育学刊,2022(10):55-60.

[16]施正芳.综合实践活动课程的育人特性、路径和价值探寻[J].教书育人,2022(26):78-80.

[17]杜德彭.综合实践活动的课程思政意蕴及其实现[J].山东师范大学学报(自然科学版),2022(4):421-425.

[18]邹立波,吴小敏."一课两讲":破解"双课程"实施难题:新课程方案下综合实践活动与劳动课程实施的广州实践[J].教育家,2023(44):71-72.

[19]施美珠."双减"背景下"五性"综合实践活动作业设计新探:以《探究校园植物》单元主题作业设计为例[J].福建教育,2023(6):56-58.

[20]张敏."双减"背景下小学综合实践活动层次性作业的探索与运用[J].新教育,2023(2):13-15.

[21]张孝芬.小学研学旅行本土化实施策略解析[J].新课导学,2020(24):3-5.

[22]张孝芬.立足综合实践活动纲要,提高设计制作活动效率[J].教师,2019(18):109-110.

[23]张孝芬.网络资源助推小学综合实践活动常态化[J].福建教育学院学报,2019(3):3-5.